実務が必ずうまくいく

研究主任の仕事術
55の心得

藤本 邦昭 著
Fujimoto Kuniaki

明治図書

はじめに

A　授業は，子どもと教師が織りなす創造的追究活動である。そのために，教師を授業の職人にするのが校内研修である。
B　職員は職人的な教師ばかりではない。だから，だれでも上質の授業ができるようなシステムをつくるのが校内研修である。

　あなたは，どちらが校内研修のあるべき姿と思われるでしょうか？

　われわれ教師は専門職です。教員免許状を取得し，更新しながら，教育にあたっていく「教えることのプロ」です。それゆえ，だれもが専門的技能，もっというと，職人芸を身に付ける必要があります。職人芸を身に付けるには，経験が必要です。トライ・アンド・エラーを繰り返す中で，自分に合った指導方法を身に付け，授業の職人になっていくのです。

　一方で，教壇に立った瞬間から教師の目の前には子どもたちがいます。どんなに経験が浅くても，一人前の"先生"として振る舞わなければなりません。そして今や，経験1年目の先生にも20年目の先生と同じような成果が期待される時代になり，「若い先生を学校や保護者・地域で育てる」という文化は消え去りつつあります。こうなると，学校や学年が共同歩調で子どもの指導にあたるシステムがより強く要求されることになり，そのシステムを開発し，軌道に乗せ，見直す過程が重要になってきます。

　以上のことを踏まえると，冒頭の質問の答えは，
　「AでありBでもある」
ということになります。

そして，A，B両方の側面を意識しながら校内研修をリードしていくのが，研究主任の役割です。
　"校内"研修と称しつつも，校外との交渉が必要な場面も多々あり，研究主任のやるべき仕事は広範囲にわたります。
　また，校内研修に対する職員間の温度差が大きく，研究推進に様々な困難を伴うケースも少なくありません。そんな中でも，研究主任は自校の課題を的確にとらえ，その解決方法を模索し，職員集団を動かす必要があります。
　そして何よりも，目の前の子どもたちに確かな学力・豊かな心など，しっかりと向上的な変容をもたらさなければなりません。

　本書は，このように実に様々な役割を求められる研究主任が，その実務を着実にこなしていくうえで手助けになる一冊です。
　準備，企画から，研究授業，研究発表会のプロデュースまで，7つの章・55の項目に分けて，実務の勘所と必ず役に立つ仕事術を紹介しています。
　これから研究主任になられる先生も，この本を通して実務の多くを具体的にイメージしていただけるはずです。
　読者の先生方の学校の子どもたち，そして先生方が笑顔になれるような校内研修推進の一助になれば幸いです。

　最後に，本書刊行にあたり，たくさんのことを学ばせていただいた先生方と明治図書出版の矢口郁雄様に心より感謝申し上げます。

2015年2月

藤本　邦昭

Contents

はじめに

第1章 準備―理念と段取りを整える

1 研究と修養――*10*
2 研究の３Ｋ――*12*
3 研究テーマの検討の仕方――*14*
4 思考の整理法――*16*
5 実態の見極め①―職員の温度差をとらえよう――*18*
6 実態の見極め②―地域素材を知ろう――*20*
7 実態の見極め③―管理職と連携しよう――*22*
8 研究の評価の仕方――*24*

コラム 私の「初」研究主任――*26*

第2章 企画―研究の基礎・基本を知る

9 キャッチフレーズのつくり方――*28*
10 計画書づくりの基礎・基本――*30*
11 研究主題の設定の仕方――*32*
12 仮説の設定の仕方――*34*
13 研究方法の設定の仕方――*36*
14 構想図のつくり方――*38*
15 研究組織の編成の仕方――*40*
16 研究の評価の仕方――*42*
17 研究への意識を高める環境づくり――*44*

コラム メリットとデメリット――*46*

第3章 提案—多様な手法や人間の心理を知る

- 18 時系列提案——時期を追うことでわかりやすく——48
- 19 頭括型提案——結論や要点を先に述べる——50
- 20 尾括型提案——ストーリー性を意識する——52
- 21 非水平型提案—高所の視点を与える——54
- 22 択一型提案———人ひとりに選んでもらう——56
- 23 Q&A型提案—難しいことをわかりやすく——58
- 24 短即型提案——随時情報を更新，告知する——60
- 25 不完全型提案—文章の工夫で読み手を退屈させない——62
- 26 即興型提案——ICTでインタラクティブに提案する——64

コラム 管理職と研究主任——66

第4章 調整—主任の腕の見せどころ

- 27 研究推進委員会の開催——68
- 28 管理職への報告・連絡・相談——70
- 29 職員の負担感の軽減——72
- 30 人と組織を動かす評価——74
- 31 全員参加の場づくり，雰囲気づくり——76
- 32 研修通信の活用——78

コラム ぶれないことってカッコいい？——80

第5章　研究授業のプロデュース—事前準備から研究協議会まで

- 33　研究授業運営の基礎・基本————*82*
- 34　目的に応じた指導案の形式————*84*
- 35　授業づくりにかかわるサポート————*86*
- 36　講師の招聘————*88*
- 37　運営マニュアルの作成————*90*
- 38　授業の見方と記録の仕方————*92*
- 39　研究協議会での自評プレゼン————*94*
- 40　協議のやり方5つのタイプ————*96*
- 41　授業の記録の生かし方————*98*
- 42　授業ビデオや模擬授業の活用————*100*

 1000分の1————*102*

第6章　研究発表会のプロデュース—校内研修の集大成

- 43　研究発表会運営の基礎・基本————*104*
- 44　長期スケジュールの立案————*106*
- 45　スケジュール調整————*108*
- 46　スケジュール管理の工夫————*110*
- 47　研究発表会当日のチェックポイント————*112*
- 48　事後処理と評価————*114*

 研究発表会にかかわる失敗————*116*

第7章 評価―努力が報われる成果の測り方

- 49 アンケート調査の基礎・基本―――*118*
- 50 アンケート作成のポイントと工夫―――*120*
- 51 自作テストによる成果の測定―――*122*
- 52 調査結果の集計処理の工夫―――*124*
- 53 地域・保護者への調査と情報開示―――*126*
- 54 研究のまとめ方―――*128*
- 55 研究主任自身の仕事ぶりの評価―――*130*

第1章
準備
理念と段取りを整える

　校内研修を中心になって進めるのは研究主任です。
　学校全体を動かすわけですから，その大義，つまり「理念」がしっかりしていないと研究の方向性も定まりません。
　また，理念だけでは物事は進みません。できるだけ効率よく運営していく必要があります。そのためには事前準備，つまり段取りが極めて重要です。段取りを整えることで，学校全体を１つの目的に向かって進めることができるようになります。

Chapter 1

1 研究と修養

研修とは「研究」＋「修養」。
研修には子どもと教師の変容を向上させるはたらきがある。
校内研修の充実は研究主任にかかっている。

☑ 校内研修とは

研修に関する主な法令は次の通りです。

【地方公務員法　第三十九条】
　職員には，その勤務能率の発揮及び増進のために，研修を受ける機会が与えられなければならない。

公立学校の教員は，地方公務員ですから「勤務能率の発揮及び増進」のために研修を受ける機会が与えられるということです。
いわば，研修は「権利」なのです。

【教育基本法　第九条】
一．法律に定める学校の教員は，自己の崇高な使命を深く自覚し，絶えず研究と修養に励み，その職責の遂行に努めなければならない。
【教育公務員特例法　第四章】
第二十一条　教育公務員は，その職責を遂行するために，絶えず研究と修養に努めなければならない。

> 第二十二条　教育公務員には，研修を受ける機会が与えられなければならない。

　教育公務員とはいわゆる教員のことで，教諭や講師（常勤・非常勤）も含まれます。この法律では，「絶えず研究と修養に努めなければならない」とありますので，研修は「義務」ということになります。
　校内研修とは，法的根拠に基づく権利と義務である研究と修養を学校内で組織体として行うことと言えます。

☑ 研究と修養の違い

　学校における「研究」とは，子どもの指導法や指導内容について工夫・改善していくことです。一方「修養」とは，知識を高め，品性を磨き，自己の人格形成につとめることですが，教師自身の心のあり方を豊かにするものと考えてよいでしょう。
　研究とは，目の前の子どもの変容の向上を目指すものであり，修養とは，教師自身の変容の向上を目指すものととらえておきましょう。校内研修には，この両面の取り組みが必要です。

☑ 研究主任とは

　校内研修（特に研究）の効果は，直接的に子どもに反映されるものです。落ち着いた学校づくりや子どもたちの成長を促進するうえで，校内研修の充実は欠かせません。
　研究主任は，子どもたちの未来を預かる先生たちの舵取り役なのです。

> 校内研修は「権利」であり「義務」であることを自覚すべし。
> 研究主任は学校づくりのキーパーソン。

第1章
準備
理念と段取りを整える

2 研究の3K

 系統性・計画性・継続性の3つのKが重要。
これまでの流れを知り，これからの展望を見据える。
3年前を見て3年先をつくり，効果が6年続く研究を目指す。

☑ 校内研修に歴史あり

　新設校でないかぎり，どの学校にも校内研修の流れというものがあります。新しく研究主任になったら，まず，これまでの流れについておおまかに理解しておくことが大切です。異動がなければ前任者も職員室にいるでしょうから，前任者にこの点を確認しましょう。

　また，学校要覧などで，過去の校内研修に関する資料にも目を通しておきましょう。そのうえで，ここ数年，できれば最低でもここ3年間の研究主題や方法などを熟知します。

　「何を目指して」「どんな教科・領域で」「どのように実践し，まとめてきたのか」を知っておくことは，これからの研究に不可欠です。なぜなら，過去の実践で見いだされた課題を解決していくことが，校内研修の目的の1つだからです。

　3年前なら残っている職員も多いはずです。先達の優れた指導方法や子ども理解術など，埋もれていたすぐれた実践を聞き出せるかもしれません。それらを発掘し，光を当てることも研究主任の役割なのです。

　基本は，先行事例に当たることです。

　「これはいいアイデアだ」と悦に入っていたら，実は数年前にやっていた

…なんてことはよくある話です。

まずは，自校の先行事例にしっかりと当たってみて，むだのない校内研修を進めていきましょう。

☑ 計画は3年が区切り

職員の転勤などの事情もありますが，少なくとも3年間は取り組める内容・方法を研究することが望ましいでしょう。

公立学校ならば，研究対象（子ども）だけでなく，研究者（教師）も毎年少しずつ変わっていくものです。

だからといって，やることが毎年コロコロ変わっていったら，成果が見られる前に終わってしまいかねません。また，1年で成果を出さなければならないと思えば，職員や子どもに無理をさせることにもなります。

「3年後にこのような学校（子ども）にしたい！」という目標を達成するプランを立てるようにしましょう。

☑ 6年間は効果が続く研究を

仮に3年で研究主題が変わるとしても，その後も効果が残るようにしたいものです。なぜならば，その成果を基に次の校内研修が継続されるからです。

効果を6年間，つまり「目の前の1年生が卒業するまで効果をもたせる」という目標があれば，組織として研究に取り組む必要性も自然に出てくるはずです。

自校の校内研修の歴史を知り，計画を立てよう。
「取り組みは3年以上，効果は6年以上」を求めるべし。
1年生の成長を目標にしよう。

第1章
準備
理念と段取りを整える

3 研究テーマの検討の仕方

 子どもの実態,時流,人的環境という3つの切り口から研究テーマを検討する。
教師のスキルアップもねらえる研究テーマを。

☑ 自校の子どもの実態からとらえる

　学校には様々な法規を基に「学校目標」が設定されています。学校における教師の業務は,すべて学校目標の達成に向けて行われます。
　そのことを踏まえて,研究主任は自校の子どもの実態をとらえる必要があります。
　子どもの実態をとらえる方法としては,各種の学力調査やアンケートなど様々なものがあります。
　また,学校評価などを数年分分析してみることも,子どもの実態把握につながるでしょう。
　そういったことを通して,問題行動が多い,規範意識が低いといったことがわかれば,教科指導を研究テーマに据えるのでは不十分です。場合によっては,道徳や特別活動など,子どもの行動規準にかかわる研究を進めていくことも必要になるでしょう。

☑ 時流からとらえる

　「教育は不易と流行」と言われるように,教えていかなければならない理念的な部分は不易ですが,その内容や方法はその時々で変わることがありま

す。
　特に学習指導要領が変わるときなどは，その趣旨を踏まえて研究テーマを考えることが必須になります。
　また，全国学力・学習状況調査の傾向などから研究テーマを考えていくこともあるでしょう。

☑ 人的環境からとらえる

　自校に在籍するスタッフに指導力の秀でた教員がいれば，その人たちを生かすような研究テーマを設定することも可能です。
　「特色ある学校づくり」という言葉は，学校を取り巻く環境や歴史などを生かすことで独自性を際立たせる教育をしようということです。その点を踏まえ，教師集団という人的環境も，学校の特色の1つだととらえてみるとよいでしょう。
　例えば，算数の指導に秀でた教師が数人いるならば，算数指導にかかわる研究テーマを考え，栄養教諭が配属されていれば，研究テーマに食育を入れてみることも考えられるでしょう。
　その中で，特定の教師の優れた指導法などを他の職員が学び，シェアしていくことで，職員の異動にも耐え得る研究が続いていきます。
　校内研修が，子どもの変容だけでなく，教師のスキルアップにもかかわる理由がここにもあります。詳細は「5　実態の見極め①―職員の温度差をとらえよう」で触れます。

> 子どもの実態や人的環境など，自校の現状をしっかりととらえたうえで，研究テーマを検討すべし。
> 学習指導要領改訂時などには，時流もしっかり押さえよう。

第1章
準備
理念と段取りを整える

4 思考の整理法

考えることが仕事の研究主任。
自分の考えを整理する「型」をもつことが重要。
汎用性の高い思考法を身に付けたい。

☑ 思考の型をもつ

　校内研修を進めていくうえでは，様々なことを考え，選択し，わかりやすく提示していくことを繰り返さなければいけません。

　そのために，研究主任が基本的なスキルとして持ち合わせておきたいのが，自分の思考を整理する「型」です。

　いくつかありますが，概念的な図で表すと次のようになります。

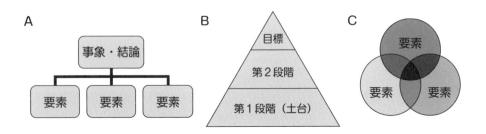

　これらは，PCソフト等にもテンプレートとして入っているものです。
　Aの図は，1つの要素を分析的に見るときに使えます。また，上下逆さま

にすると様々な事象から1つの要素を取り出したり，1つにまとめたりするときに使えます。組織図として活用されることが多い図です。

　Bの図は，階層的な考え方に使えます。簡単に言うと，土台があって頂点（目標）があるわけですから，下から順に考えを進めることになります。やるべきこと（研究方法や目的・成果）を順に考えるときに使えます。

　Cの図（ベン図）は，3つの視点で物事を整理するときに使えます。研究内容を考えるときは，Cの図が有効に働きます。

☑ 使い勝手がよい「3つの円」

　私は，校内研修について考えるときに限らず，学校（学級）運営を考えるときも，授業づくりを考えるときも，3つの視点から整理する型を使ってきました。

　例えば，授業づくりでは「子ども」「教師」「教材」の視点で考えます。すると，子どもの実態について，行動や既習事項の定着度などを把握することが必要です。同様に教えるべき教材の研究や自身の授業術という要素を考えていくと授業づくりが容易になります。

　校内研修について考えるならば，「子ども」「職員」「環境」などの視点をもつとやりやすいのではないでしょうか。

　自分なりの思考の型をもつと，軸がはっきりするので，アイデアがまとまりやすくなります。

　さらに，思考の型をわかりやすく図式化することができると，他の人に説明するときも伝わりやすくなります。

研究主任は，自分の思考を整理する「型」をもち合わせるべし。
自分で整理しきれていないことは，他人にも理解されにくい。

第1章
準備
理念と段取りを整える

5 実態の見極め①
職員の温度差をとらえよう

校内研修は組織で行うもの。
実行主体者である教師一人ひとりを把握することは必須。
集団の傾向も知っておこう。

☑ 職員の実態

　研究の対象は子どもですが，それを実践するのは教師です。もっと言えば，教師"集団"です。

　本能的に私たちは集団に「均一性」「同一性」を求めます。しかし，実際は経験値の違いや理念の違いによって，多様な価値観が存在します。

　例えば，何度も研究校を経験したベテランの先生，若いけれども研究に対して積極的な先生，逆に研究授業や研究発表会などを避けてきた中堅の先生，未経験なのに周囲の先生から「研究なんて大変だよ」とすり込まれている若い先生…など，様々なタイプの職員が混在しているはずです。

　研究主任は，これらの実態をしっかり把握する必要があります。そのためには，会議という公的な場だけでなく，休み時間の雑談やお酒の席などでも積極的に会話の輪に加わり，情報を入手するようにしましょう。

☑ 温度差をとらえる

　勤務校が研究校であろうとなかろうと，研究に対する情熱や抵抗感には個人差があります。場合によっては，研究推進派と研究反対派のようにはっきりと立場が分かれてしまっているようなこともあるかもしれません。さらに，

それぞれの派閥の中でも温度差があるはずです。
　多くの場合，集団は対立する概念や働きなどに関して20％と60％と20％に分かれると言われています。

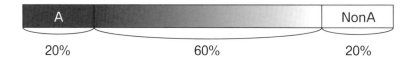

　研究推進に賛成する人は20％，反対する人も20％，そして中間層が60％いるというわけです。このように，最大派閥は「中間層」であるということを意識しておきましょう。

☑ 温度差対応

　職員の実態を把握しつつ，研究主任がやらなければならないことが，次の3つです。

> ❶推進派の中に自分をサポートしてくれる先生を見つける。
> ❷反対派の先生と仲良くなり，「抵抗感の基」を探り出す。
> ❸中間層の先生の指導方法のよさを見つけておく。

　❶は2人いれば十分です。❷，❸はいずれも推進派に引き込むときの決め手になります。
　職員とのかかわり方については，第3章でも述べていきます。

研究組織の土台づくりは職員の実態把握から。
情報収集がものを言うことを肝に銘じておくべし。

6 実態の見極め②
地域素材を知ろう

学校は地域のシンボル。
財産として地域をとらえる。
地域素材の生かし方を双方向で考える。

☑ 地域素材に目をつける

　学校はいわば，地域のシンボルです。ですから，地域の特色も校内研修に深くかかわってきます。都市部の学校には都市部の特徴，地方の学校には地方の特徴があります。

　特徴の視点が「ひと，もの，こと」であることは基本中の基本です。地域にどんな人が住んでいて，どんな場所・建物があって，どんな行事や催し物があるのかを把握することが重要なわけです。これらは，「人財」「物財」「事財」として，財産であることを意識しましょう。

　総合的な学習の時間や生活科などでは，これらを対象として直接的に地域学習を行うことがあります。それらは，ここで述べる必要はないぐらい豊富な事例があふれているので割愛します。

　しかし，国語や算数の教科研究でも，これら「3財」を活用することはできるのです。

☑ インプットとアウトプット

　地域と教科等を結び付ける場合，学習内容と直接的にリンクさせることが考えられます。例えば，算数の「資料の整理」の学習において，素材を地域

の交通量に求めたり,国語で地域の「民話調べ」を行ったりすることです。ここでは「物財」を扱うことが多いでしょう。

しかし,インプットとアウトプットを意識すると,教科研究でも「人財」「事財」を活用することができます。

「人財」については,情報収集(インプット)の場面で,地域の人に尋ねて回る活動をしかけると,国語のインタビュー力を鍛えることができます。

「事財」については,算数で学習したデータの傾向や国語の提案文をイベントや地域行事で発表すること(アウトプット)で,表現力を鍛えることもできます。

☑ 積極的に地域とかかわる

研究主任は,意識して地域にかかわっていくことが重要です。アンテナを高くして「おもしろい人」「興味深い建物」「伝統行事」などをファイリングしておくことも大切な仕事です。

そして,インプットだけでなく,「学校の先生はこんな研究をしている」とどんどん発信していくアウトプットも重要になります。公言するといい意味で後戻りできなくなるからです。

例えば,「学校では,子どもたちの思考力を高める授業に取り組んでいます」と学校だよりに記載したり,「研究ニュース」を地域の公共施設に貼ってもらったりすることもできます。

校内組織の結束力を高め,研究を推進していくことにも,地域を活用したいものです。

地域の「人財」「物財」「事財」を把握すべし。
地域を活用するには,インプット・アウトプットの両方が重要。

第1章
準備
理念と段取りを整える

7 実態の見極め③
管理職と連携しよう

 学校は校長をトップとする組織体。
校長の学校経営方針をしっかりと理解し，教頭（副校長）への報連相を欠かさず行う。

☑ 組織のトップは校長

　教員にとって学校という職場は，地方自治体の学校教育部における下部組織になります。

　一般的な会社組織で言えば，校長は「課長」であり，教頭・副校長は「課長補佐」にあたり，主幹教諭は「係長」「主任」にあたります。

　法規的にも学校組織のトップは校長なのです。

　ですから，研究主任が校長の意を汲んで校内研修を進めていくことは当然です。校長が示した学校経営方針をしっかりと理解することも，研究主任の重要な準備の１つです。

　学校経営方針から，研究主任としてできること，やらなければならないことを整理しておきます。そのためには，できるだけ早い時期に，校長と面談しておくことも重要です。

☑ 到達ルートづくり

　とはいっても，研究主任が"操り人形"であっては校長も困ります。なぜならば，組織のトップは，組織を有機的に機能させたいと考えているからです。

有機的な機能とは，それぞれが主体的に働き合う状態を指します。ですから，研究主任自らがアイデアを出し，計画を立て，実践し，組織を活性化してくれなければ困るのです。

　活性化とは，単にマニュアルを遂行するレベルではなく，新しい動きや考えをつくり上げることです。

　最も大事なことは，校長が示した目的地（学校経営方針）をゴールとして，そこへの到達ルートを考え，進んでいくイメージをはっきりともつ，ということです。

☑ 管理職を味方にする

　教頭（副校長）は，「報告・連絡・相談」を受けることが大きな仕事です。

　研究推進のプランが浮かんだら，核になる職員と吟味し，教頭（副校長）に相談することが一番です。

　また，地域との連携や保護者との連携を実行する場合も，その窓口は基本的に管理職になります。このように，地域と学校の重要な架け橋としても認識しておきましょう。

　このようなやりとりを円滑に行うためには，普段の雑談の中でも研究にかかわることを話しておくことがポイントになります。こまめな情報交換こそ信頼関係づくりの基本です。

　研究主任は，管理職から「この人を助けてやりたい」と思われるようになると心強いものです。そのためにも大事・小事にかかわらず，管理職に何でも相談できる関係づくりを心がけましょう。

経営方針というゴールへ向かうルートづくりを意識すべし。
報告・連絡・相談はこまめにやろう。

8 研究の評価の仕方

人の成長ではなく,研究の成果を測定する。
数値を扱わずに成果を測定するのは困難。
取り組みが報われる評価方法を選択する。

☑ 成果を測る

　新たにプロジェクトを起こすとき,必要なことは,「目的」「方法」「評価」の3つです。この中で特に,「目的」と「評価」は対応していなければ意味がありません。

　これは校内研修を進めるうえでも同様です。「この目的で研究を進めたとき,どのような成果が得られ,その成果をどのように測る(評価する)のか」ということが明確になっていなければ,研究を進める意味がありません。

　成果を測るのに,「数値化」以上に客観性のあるものはないでしょう。例えば,「アンケートの数値が向上する」「学力テストの数値が〇ポイント上昇する」といったことです。

　このようなことを明言すると,「人の成長は数値では測れない」という理由から,マユをひそめる教師もいます。

　確かに,人の成長,子どもの伸びというものは数値化できない部分が多いでしょう。また,数値化しないことに価値がある場合もあるでしょう。

　しかし,測定しようとしているのは,あくまでも研究の成果であって,人の成長自体ではないのです。研究主任はこのことを職員に十分理解してもらう必要があります。

☑ 研究の手法

校内研修の場合，研究とは言っても，学校現場における教育活動の一環ですから，比較実験や臨床実験的なものはふさわしくありません。

例えば，2クラスあるうちの1クラスだけで少人数指導をして比較する，という手法は，保護者の反応などを考えれば，とても取り得るものではありません。

学校における研究は，ある理想や目的に向かって仮説を立て，その実現に向けて取り組んだ結果，いくつかの事象を分析的に見ることで結論づけることになります。

比較実験などができない研究だけに，数値を扱わずに成果を測定するのは困難であるということを認識しておきたいものです。

☑ 成果の数値化をおそれずに

校内研修の結論は，予定調和的なものになりがちです。しかし，苦労して実践を進めてきた職員に成果を実感してもらい，達成感や満足感を提供することも研究主任の重要な役割です。

成果を目に見える形，実感をもてる形にすることを考えると，やはり数値化を避けることはできません。

むしろ，きちんと数値を示すことが，職員だけでなく，子どもや保護者，地域に対して説明責任を果たすことにもつながります。

評価の具体的な方法については，第7章において詳しく述べます。

目的と評価の対応は必須。
数値化を恐れず，職員の努力が報われる評価方法を選択すべし。

私の「初」研究主任

　私がはじめて研究主任を任されたのは，教職10年目（36歳のとき）でした。これは遅い方かもしれません。翌年に研究発表会を控えていました。総合的な学習の時間や完全五日制などいわゆる「ゆとり教育」のはしりのころです。

　そのときの私は，総合的な学習の時間のカリキュラム，算数や国語での「伝え合う力」について情報を求め続けました。

　もちろん，いろいろな研究団体主催のセミナーにも参加しました。野口芳宏先生や有田和正先生などから多くのことを学びました。東京で行われる研究大会にも積極的に参加し，算数の授業について必死で学びました。

　「研究主任たるもの，最先端の，そして最高峰の情報や技術を持ち合わせていなければならない」という思いがありました。

　この思いは今も変わりません。一生，勉強です。

Column

第2章
企画
研究の基礎・基本を知る

　校内研修は，研究の主題・仮説・方法・計画などを綿密に立案して取り組む必要があります。
　大切なのは，職員を組織体としてまとめることです。そのためには，わかりやすい計画書や研究への意識を高める環境づくりなども重要になってきます。
　校内研修を進めるうえでのスタートラインを，いかにスマートに設定するか。
　それが，この企画段階で求められます。

Chapter 2

第2章
企画
研究の基礎・基本を知る

9 キャッチフレーズのつくり方

校内研修を端的なキャッチフレーズに表す。
「何を」するかを明確に。
「どのように」するかを簡潔に。

■☑ 一言で言うと…

　プロ野球では，毎年各球団が春先にキャッチフレーズ（スローガン）を発表します。「○○ベースボール」「○○！○○！○○！」といったものです。
　これには，以下のような効果があります。

- 監督やフロントの意志を簡潔に選手に伝えられる。
- メディアの注目を集められる（関心を高められる）。
- 組織全員がいつも目標などを意識できる。

　研究主任になったら，この手法を活用して，ぜひ校内研修のキャッチフレーズを考えてみてください。
　例えば，研究の内容と方法を切り口として，簡潔なキャッチフレーズを考えてみましょう。

■☑ 研究内容を切り口としたキャッチフレーズ

　シンプルな言葉で，研究の具体的な内容が自然にイメージできるようなキャッチフレーズを考えてみましょう。

例えば,「発表力を育てる」「規範意識を高める」「記述式テストができるようになる」など,1回聞けば覚えられるようなフレーズです。

研究を実践するのは教師ですから,子どもが主語の「豊かな表現力を身に付ける」よりも教師が主語の「豊かな表現力を育てる」の方が主任としての意図は伝えやすいでしょう。課題を克服する内容や時流に沿った内容に焦点化した言葉がキャッチフレーズには適しています。

また,いったん文章に表してみて,20文字以内程度に収まるように言葉を削っていくことも重要です。

☑ 研究方法を切り口としたキャッチフレーズ

「何を」するかが決まったら,「いつまでに」「どの程度」という目安や,「どのように」という方法を決めなければいけません。忙しい学校現場では,特に「どのように」という方法への関心は高いものです。

「全員研究授業2回」「月に1度の報告会」「学期に1度のアンケート調査」…といった具合に,具体的な数字を交えながら方法を端的に表すとよいでしょう。

方法だけでなく,どの程度やるのかという目安がわかると,より動きやすくなるものです。

内容と方法をそれぞれキャッチフレーズに表すと,研究主任の意図が明確に伝わり,組織全体が同じイメージをもちやすくなります。

企画の第一歩として,研究の内容と方法を切り口としたキャッチフレーズを考えることから始めてみましょう。

キャッチフレーズづくりは企画の第一歩。
研究の内容と方法をそれぞれキャッチフレーズに表し,組織全体で校内研修のイメージの共有を図るべし。

第2章
企画
研究の基礎・基本を知る

10 計画書づくりの基礎・基本

大変だけど重要な計画書づくり。
研究者としての技量と実務者としての技量の両方を求められる。
用語はきちんと規定したうえで用いる。

☑ 研究主任を悩ます計画書づくり

　研究主任の大変な仕事として真っ先に思い浮かぶのが，校内研修の計画書づくりです。

　関連する理論や学習指導要領を熟知したうえでの研究主題の設定から，年間を見通した計画まで，研究者としての技量と実務者としての技量の両方を求められる仕事です。

　研究主任の仕事は，計画書づくりの割合が半分以上を占めるといっても過言ではありません。それだけ重要な仕事の1つです。

☑ 計画書の基本形

　計画書には，おおよそ次のような内容が盛り込まれます。

- ・研究主題
- ・研究のねらい
- ・研究の内容・方法
- ・研究の組織
- ・研究主題設定の理由
- ・研究の仮説
- ・研究の構想図
- ・研究の計画

☑ まずは用語の規定から

　計画書で大事なのは，正確に表すこととわかりやすく伝えることです。

　使用する用語（言葉）1つをとってみても，きちんと規定することが大切です。計画書で使われている用語の中には，一般的に広く使われている言葉も多くありますが，その中身をしっかり規定しなければ機能しないようなものも少なくありません。

　例えば，「活用力」という言葉。通常は「活用する力」という程度の意味合いで使われていますが，研究上では，「どのようなことを」「どのような状況で」「どのような働きとして」活用するのかといった中身まできちんと規定しなければ意味がありません。

　逆に言うと，しっかりと規定することで，研究の内容はより明確になっていきます。「知っていることやできることを組み合わせたり発展させたりして問題解決を図ることを活用力という」といったように，具体的な言葉に置き換えて規定することが必要になります。

　この場合，「知っていることやできることを組み合わせたり発展させたりして」の部分を「既有の知識や技能を統合・発展して」というカッコイイ言葉で表すこともできます。計画書では，こちらの方を先に書き，「具体的にどういうことなのかな？」と思わせておいて，前者のような平易な言葉でもう一度書き表すようにするとよいでしょう。

　読み手の心にちょっと疑問をもたせて，「そういうことか」と納得させる文章構成術は，これから多くの文書をつくるうえで身に付けておきたいテクニックの1つです。

校内研修の方向性を決める計画書づくりに精魂を込めるべし。
用語（言葉）の規定を大事にしよう。

第2章
企画
研究の基礎・基本を知る

11 研究主題の設定の仕方

研究主題には，研究の「目的」を表す。
副題には，「内容（場面）」や「方法」などを表す。
主題決定は大いに悩む価値のある仕事。

☑ 研究主題には「目的」を表す

研究主題を決めることは，本当に大変です。

これまでの研究発表校の主題を見ても，策定までに大きな労力を割いていることが感じられます。研究主題には，ある程度オリジナリティが必要であり，キャッチーなフレーズもほしいからです。

しかし，多くの研究主題に共通しているのが，研究の「目的」を主題としているということです。「～を育てる授業」「～の子どもの育成」「～を求めて」といった研究主題の中には，教師（学校）の思いや願いも込められています。

☑ 副題には「方法」や「場面」を表す

一般的に，副題（サブテーマ）も決めますが，その場合，主題（メインテーマ）の目的を果たすための「内容（場面）」や「方法」を端的に表すことになります。

例えば，「学び合いの場面をとおして」「算数的活動の工夫によって」といったように，主題よりもやや具体的になるのが普通です。読み手が具体的なイメージをもてるように，キャッチフレーズを副題に使うのもよいでしょう。

教科の内容を深化させるのか，授業方法を変えるような改善に取り組むのか，あるいは，教科の枠を超えた一般性・共通性のある能力（表現力や活用力，思考力など）を高めるのか，といったことをここではっきりさせておくことが重要です。

　そして，それらを設定した理由も明確にしておく必要があります。一般的には，教育の動向，学校の歴史（校内研修の流れ），子ども（地域）の実態などの観点で記述します。ここに説得力をもたせることが研究の価値を高めるうえで重要になってきます。そのために，学習指導要領やその解説，中教審答申など各種の公的文書を読み込んで"理論武装"し，必要に応じて引用できるようにしたいものです。

☑ 主語は「教師」，目的は「子どもの成長」

　研究主題の決め方には，明確なルールがあるわけではありません。

　しかし，職員が貴重な校内研修の時間を使って長期間取り組むわけですから，主語は「教師」であるべきですし，目的は対象となる「子どもの成長」であるべきです。

　もちろん，「自ら考え，進んで発表できる子ども」というようなテーマも否定はできません。しかし，「自ら考え，進んで発表できる子どもの育成」とした方が教師（学校）の気概が感じられるはずです。

　「こういう子どもの姿をこのような手だてで育て上げるのだ」という決意表明が求められるのです。

　研究集団をつくり上げる土台になるという意味からも，研究主題は大いに悩んで決めたいものです。

研究主題には，教師の気概が感じられるような「目的」を示すべし。
副題は，「内容（場面）」や「方法」をイメージしやすい言葉で。

12 仮説の設定の仕方

 校内研修の仮説は科学的な研究の仮説とは異なる。
仮説には基本的な論理形式やパターンがある。
手だても目的も具体的に。

☑ 仮説の中で研究の手だてと目的を示す

　先に述べたとおり，科学的な研究と学校現場で行う研究の大きな違いは，比較実験などができない点にあります。

　そのため，校内研修の計画書に示される仮説は，実際に取り組めば実現可能なものが設定されることになります。

　例えば，

　「子どもたちの興味を高めるような課題を工夫すれば，意欲的に課題解決に取り組ませることができるであろう」

という仮説は，科学的な研究の仮説とは少し違います。

　校内研修の仮説を設定するときに留意すべきは，上の例のように研究の手だてと目的を示すことです。ここでは，「子どもたちの興味を高めるような課題を工夫する」ことが手だてであり，「意欲的に課題解決に取り組ませることができる」ようにすることが目的です。

☑ 仮説の論理形式

　研究に限らず，仮説には基本的な論理形式があります。

　「もし，Aという事象が起こるならば，Bという事象が起こるであろう」，

つまり「AならばB」という論理です。

具体的には「…という手だて（工夫）をとるならば，…をさせることができるだろう」というパターンになります。

つまり，教師が行う手だてを主部に，求める子どもの成長＝目的を述部にするのです。

☑ 仮説のパターン

仮説には以下の例のようなパターンがあり，場合によっては複数の仮説を設定することになります。

❶並列型…複数の目的に向かって，複数の手だてを同時に行う。
❷序列型…まず，この手だてを取り，効果が見えたら次の手だてを…というように順序を決めて取り組む。
❸統合型…1つの目的に向かって，複数の手だてを同時に行う。

いずれのパターンをとるとしても，「仮説について」などの小項目を設け，具体的に記述しておきます。

手だてについては，具体的な取り組みをいくつか紹介するのが一番わかりやすいでしょう。

目的については，子どものどのような姿（兆候）を目指すのかを明示することが必要です。例えば，「表現力を高める」といった抽象的な表現ではなく，「集団の中で相手の反応を確かめながら自分の考えを話すことができるようにする」のように，研究主題よりも具体的な次元で示す必要があります。

仮説の論理形式やパターンを押さえたうえで，手だてや目的を具体的に示すべし。

13 研究方法の設定の仕方

研究主題や仮説に見合った方法を考える。
研究授業は最も重要な研究方法。
参観者の状況も考えて時期や回数を検討する。

☑ テーマに見合った方法を考える

　自校の課題や実態をとらえ，研究主題や仮説を設定したら，どのような方法で研究を進めていくかを考えます。

　その際，いわゆる授業改善にかかわる研究主題や仮説が設定されていれば，研究授業がその方法として最も重要になってきます。また，子どもの心の変容を扱うのであれば，異学年や地域の方との交流活動や自然体験活動なども考えられるでしょう。

　いずれにしても，いくつかのアプローチを考えていくのが研究主任の仕事です。年間のスケジュールを念頭に置いて，計画的に配置していくようにしましょう。

☑ 研究授業はメインディッシュ

　子どもたちが学校に滞在している時間の中で，その大半にあたるのが授業時間です。ですから，研究方法のメインは，いつの時代も研究授業です。

　日々の授業の質を高めることが学校教育の基盤であることは揺るぎません。そのため，研究授業において工夫や取り組みの視点を明確にし，日常の授業改善に生かすようにするのです。

ですから，1時間の研究授業の完成度を高めることが目的ではなく，日々の授業を充実させるために1時間の研究授業を行うのだという認識を職員の間に浸透させる必要があります。
　よく，数回の研究授業の分析を中心に結論（成果や課題）が述べられた研究のまとめを見ることがありますが，本来は，それらが日々の授業を積み上げた中で得られた成果と課題であるのかどうかも明確にする必要があります（研究論文をまとめるときなどには，1時間の実践を通して，分析も含め研究の成果について述べることはあります）。

☑ 研究授業の時期や回数

　研究授業を行うのは，授業者にとって大変なことではありますが，有益なことが多いのも事実です。
　また，当然のことながら，参観する職員にとっても勉強になります。しかし，研究授業を参観する学級担任は，自分のクラスを自習にすることになります。
　自学自習ができるクラス，子どもに育てることも学級経営上大事なことです。また，授業者が不在でも可能な学習課題を設定するようなこともできるでしょう。
　しかし，参観する授業の本数も考えておかないと，学校全体が落ち着かない状態に陥りかねません。教務主任や管理職とも相談して，研究授業の開催時期や回数などを検討しましょう。

心得 13
1時間の研究授業の完成度を高めることが目的ではなく，日々の授業を充実させるために1時間の研究授業を行うのだという認識が重要。研究授業の時期や回数は慎重に検討すべし。

14 構想図のつくり方

用途に応じた構想図を考える。
構想図の基本形を知っておく。
ひと目でわかるようにすることを目標に。

☑ 研究内容をひと目で理解できるように

　教育関係は文系に位置付けられることが多く，あらゆる機会で文章表現が多用されます。

　しかし，研究分野においては理系的な発想も必要になります。そういった意味で，研究内容をひと目で理解することのできる「構想図」は大変重要です。キーワードだけを配置したシンプルなものから，ある程度説明文を挿入した詳細なものまで，構成図の種類は多様です。

　個人的には，できるだけ説明的な文章は少なくして，全体像がイメージしやすいものがよいと思います。書き手としてはできるだけ誤解のないように正確なものを提示したいと思っていても，読み手にしてみれば，ごちゃごちゃしている図はかえってわかりにくいものです。

　研究内容を精査・吟味するときはある程度書き込みのあるものを使い，研究発表会のプレゼンや紀要など短い時間や限られたスペースで説明をしなければならないときはシンプルなものを使う，など目的に応じて使い分けられるのがベストです。

☑ 構想図のパターン

　構想図は,「現状（実態）」を「手だて・場面」の工夫で「目的（理想）」に到達させる,という流れが見えるように表現する必要があります。
　例えば,以下のようなパターンがあります。

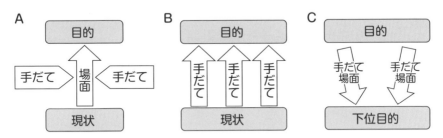

　A…限定された場面（教科など）を中心に研究を進める場合
　B…複数の工夫に並列的に取り組む場合
　C…道徳や特別活動など活動や学年が多岐に渡る場合
　このほかにも,ウエビング法のように蜘蛛の巣状に配置するパターンや環状に配置するパターンもあります。

☑ 構想図の良し悪し

　情報伝達において「正確さ」と「わかりやすさ」は必ずしもイコールではありません。研究を進めるうえで正確さは重要です。そのために使用する言葉も精査し,きちんと規定します。しかし,構想図については少々荒削りでもわかりやすい方が重要です。イメージしやすい表現を心がけ,誤解を恐れずに,よりわかりやすさを追究してみましょう。

心得 14

構想図はひと目で研究の全体像がわかる工夫をすべし。
研究の流れを表す配置を考えよう。

15 研究組織の編成の仕方

多くの職員が既存の複数の組織に属している。
組織の縦糸と横糸を組み合わせる。
職員の参画意識と充実感を高める。

☑ 組織編成上の気配り

　研究組織とは，研究目標を達成すべく適切に役割分担された人員配置をいいます。この組織編成も研究主任の重要な役割です。

　学校の職員は，校務分掌や学年など既存の組織に属しています。しかも，1人で何役もこなしているのが学校組織の特徴です。

　そんな中で新たに仕事の枠組みをつくるわけですから，職員の負担を考慮したうえで研究組織を編成する必要があります。

☑ 組織編成の縦糸と横糸

　研究組織は，効率的・合理的であり，伝達性・共有性に富んだものでなければいけません。つまり，むだでロスの多い組織や共通理解が難しい組織では，研究に対する職員の意識も低下していきます。

　そのため，日常的にコミュニケーションのとりやすい「学年」組織をベースにします。1学年に3クラス以上ある場合は，学年ごとにまとめ，1～2学級の場合は，低・中・高学年でまとめるのもよいでしょう。いわばこれが組織の横糸です。その中で「研究推進委員」を決めてもらいます。職員全体が集まるのではなく，研究推進委員と研究主任・管理職だけで行う「研究推

進委員会（運営委員会）」を適宜（2週に1回程度）行うことで，効率性が増し，共通理解も図りやすくなります。これが組織の縦糸になります。

☑ 参画意識と充実感

　研究推進のポイントは，職員一人ひとりの参画意識と充実感を高めることです。横糸ばかり強くすると，学校全体としての足並みが乱れたり，なすべきことが曖昧なまま，はい回ったりすることになりかねません。

　逆に，縦糸ばかり強すぎても，上意下達となり，職員が自ら考えることを避け，指示を待つ状態になってしまいます。一人ひとりが小さなアイデアを出せるような組織づくりが，参画意識と充実感を高めることにつながります。

　また，学校の職員は学級担任ばかりではありません。専科の教師や支援員の教師もいます。こういった少数派の職員をきちんと組織に位置付けることも，学校全体で研究を推進していくためには必要なことです。

　ちなみに，研究推進委員会の部署としては「授業研究部」「環境整備部」「調査統計部」「地域連携部」「掲示広報部」「教材開発部」などが考えられます。

　右のようなわかりやすい組織編成図もつくっておきましょう。

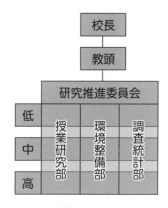

組織編成図の例

研究の目的達成に向けた合理的な組織編成を。
ボトムアップを可能にする組織編成を目指そう。
一人ひとりの職員に活躍の場を保障すべし。

第2章 企画
研究の基礎・基本を知る

16 研究の評価の仕方

 スタート段階で重要なことはゴールのイメージ。
評価の内容と方法を明確に。
記録保存も重要な仕事。

☑ 「効果的だったのか」「役に立ったのか」

1年,あるいは数年かけて取り組む研究ですから,その検証は客観的にまた定量的に行われなければいけません。

仮説が正しかったのかどうか,つまり,工夫や手だてが効果的だったのかどうか,子どもの成長の役に立ったのかどうかをきちんと評価できるようにすることが重要です。

年度末に「校内研修に取り組んではみたものの,実際の成果はどうなのかなぁ…」と職員に思われるようでは,研究の企画段階で失敗していると言わざるを得ません。

☑ 出口の明確化

研究の成果をきちんと評価するためには,評価の内容と方法を明確にしておく必要があります。

例えば,アンケート調査であれば,項目(内容),方法(記述か選択か),時期などを決めます。詳しくは第7章で述べますが,期待すべき子どもの姿をイメージして,項目を決めることが重要です。特に変容を見たいのならば途中で項目の表現を変えたり,項目自体を追加したりすることは避けなけれ

ばいけません。

　アンケート作成においては,「3月にはこういう姿になっているはずだ」という研究主任のイメージを具現化する内容を考えるようにしましょう。

☑ 記録をきちんと残す

　アンケート以外にも,子どもたちの表現内容・方法の変容で,研究の成果を評価することはできます。作文やワークシート,活動や授業の写真,ビデオなどは貴重な材料ですから整理して保存しておきましょう。

　文書類はPDF化するなどできるだけデジタルデータにしておきます。職員が使うパソコンのサーバに共有フォルダをつくっておいて,その都度こまめに保存するように呼びかけましょう。

　組織編成のときに,記録データを取り扱うリーダーや,アンケート結果を入力・加工するリーダーを決めておくと,保存が滞りなくできます。

授業ビデオと保存フォルダ

心得 16
アンケート調査は,項目,方法,時期を押さえよう。
文書類はデータ化し,授業の写真,ビデオなどとともに整理して保存して評価に生かすべし。

第2章 企画
研究の基礎・基本を知る

17 研究への意識を高める環境づくり

研究への意識は環境で変わる。
掲示スペースを確保して情報を複数方向に発信。
職員に責任感と楽しみを同時に感じてもらえるように。

☑ 研究を意識する環境

　研究主任が必死で考え，練りに練った企画も，全職員に日常的に意識してもらわないと効果は期待できません。年度当初に熱心にプレゼンして伝えた内容も，何もしなければ多忙な毎日の中で次第に風化していくものです。
　そこで，日常的に研究を意識してもらう環境づくりが重要になってきます。研究推進にかかわる掲示は，その環境づくりの第一歩になります。
　例えば，研究主題などを掲示するだけでなく，研究授業の様子をパネルにまとめて掲示するなど，成果を目に見える形で示していくことは有効です。年間を通して掲示しておくべきものと，タイムリーに変化させるものなど掲示内容についても考えておきましょう。

☑ 教師・子ども・外部の3方向に向けて

　掲示のスペースはできれば3か所確保したいところです。
　1か所めは職員室内。ここには主に，年間計画や連絡事項などを掲示します。毎週何か新しい情報が掲示されるようにします。
　2か所めは子どもたちの眼に触れやすい場所，例えば，職員室前廊下や児童玄関（昇降口）などです。「先生たちはこんな研究に取り組んでいます」

というメッセージを子どもたちにも送るのです。これは，子どもたちに自分の未来像を意識させるという意味でも重要です。

3か所めは，保護者や地域の方が眼にしやすい場所，例えば，玄関や体育館などです。親や地域の人にアピールすることによって，研究推進に前向きでない職員の取り組み姿勢を変化させることも期待ができます。学校全体をまとめるには，このように外部の力をうまく活用することも大事になってきます。

☑ 担当者が責任感と楽しみを感じられるように

企画の段階で，それぞれの掲示スペースの担当者を決めておきます。

方法は2つあります。

1つは研究推進委員会の環境整備部に任せて計画的に行う方法。もう1つは，「〇月は〇〇先生」というように，当番制を敷く方法です。

いずれの方法をとるにしても，責任感と楽しみを同時に感じてもらえるようにすることが大切です。基本的に人間は役割を与えられるとがんばるものです。「今月の児童玄関は〇〇先生お願いします。楽しみにしていますね」などと研究主任がひと声かけるだけでも職員の取り組み姿勢は変わってくるはずです。

もちろん，突発的な事案が起きたり，やむを得ない事情が発生したりして担当者が大変になるときは，進んで研究主任が助けてあげることも忘れないようにしましょう。評価と支援は，研究主任に限らず，リーダーの生命線です。

環境整備で，いつも心に研究を。
研究の情報は，教師・子ども・外部の3方向に向けて発信すべし。
環境づくりは，職員が責任感と楽しみを同時に感じられるように。

メリットとデメリット

　外国語活動，コミュニケーショントレーニング，環境教育，金融教育，ものづくり体験…，これらは研究テーマなどにもよく取り上げられる教育活動です。
　しかし，これらはあくまで大人社会における「できたらいいな」を実現するためのものです。このように，学校では大人社会の課題解決の練習を負担させられることが少なくありません。こういったことばかりが，本当に子ども時代に，同年齢の仲間と地域にある学校で学ぶべきことなのでしょうか。
　また，仮に一つひとつはすばらしいものであったとしても，できる時間や場面には限りがあります。
　よい方法・よい内容と思われることも，全部やろうとすれば教師も子どももパンクします。ですから，新しいことを取り入れるときは，メリットだけでなくデメリットもしっかり考えておくべきです。そのうえで本当に価値のあるもの，費用対効果が高いものだけを選択するようにしたいものです。

Column

第3章
提案
多様な手法や人間の心理を知る

　準備をして，企画を立てたら，それらを職員に提案する必要があります。校内研修が実際にうまくいくかどうかは，提案如何で決まります。

　提案には，「研究の内容や方法を理解してもらう」「研究主任の思いや考えを理解してもらう」「実践行動を起こしてもらう」などいろいろな目的があり，それらをうまく伝えるための様々な手法があります。

　この章では，職員の心に届き，気持ちを動かすような提案の手法を紹介します。

Chapter 3

第3章
提案
多様な手法や人間の心理を知る

18 時系列提案
時期を追うことでわかりやすく

時系列で背景となる過去のことからていねいに説明する。
研究に対する職員の前提を把握する。
よい提案は事前準備から始まる。

☑ 時系列で提案する

　物事の理解には，2通りの方法があると言われています。

　1つは時系列でとらえ，部分から全体へと順に理解していく方法。もう1つは，総覧的にとらえ全休から部分へ理解していく方法です。

　文系の人は総じて時系列でとらえることが得意のようです。やはり文章を追っていくことで自分の中にイメージをつくり出すことに長けているからでしょう。

　校内研修について提案するときも，時系列で伝えていくことが多いでしょう。つまり，4月に…をして，5月に…をして，6月に…をして…という説明です。校務の1年間の流れという"下敷き"があるので，伝わりやすくなります。

☑ 背景となる過去のこともていねいに説明する

　人が物事を正確に理解するためには，その背景を把握することが重要になります。

　校内研修について提案するときも，その背景をきちんと踏まえることが大事です。そのため，これからのこと，つまり未来のことを話す前に，これま

での研究の流れや学校の地域における立ち位置など，過去のこともていねいに説明しておきたいものです。

　背景がわかれば，これからやるべきことがそれぞれの職員の頭の中にも描きやすくなります。研究主任には「こんなこと知っていて当たり前だろう」と思われるようなことも，転任してきたばかりの先生にはわからないことばかりであるということを肝に銘じておきましょう。

☑ "ぶっちゃけトーク"ができる人間関係づくり

　第1章で述べたように，準備の段階で，研究に対する情熱や抵抗感など職員一人ひとりの前提を把握しておくことが重要です。

　この時系列型提案は，それぞれの前提が大きく違っているときに効果を発揮するものです。

　特に，その年度に転任して来た職員とは，4月の早い時期に進んで雑談をするようにしたいものです。その中で研究に対する思いや，地域や自校に関する知識をキャッチしておくとよいでしょう。

　また，前年度の学年末に，多くの先生から校内研修に対する本音を聞き出しておくことも有効です。そうすると例えば，経験の浅い先生が何のためにやっているのか理解できないまま過ごしていた，といったことが見えてきたりします。このようなことを知るためにも"ぶっちゃけトーク"ができるような人間関係づくりは大切です。

　新年度の校内研修の提案は，実は前年度末から始まっていると言っても過言ではないのです。

心得18
研究の背景を周知することが提案の第一歩。
職員に積極的にアプローチして研究に対する本音を把握すべし。

第3章
提案
多様な手法や人間の心理を知る

19 頭括型提案
結論や要点を先に述べる

 結論や要点を最初に述べる頭括型提案。
伝えたいことをすっきり手短に。
内容を整理して伝える。

☑ 結論や要点を最初に述べる

　校内研修は，常に限られた時間の中で行われます。また，多くの職員は目の前の校務対応にいつも追われています。年度当初の提案だけでなく，通常の研修時間での提案も，できるだけ合理的に進めたいものです。
　実務における提案（プレゼン）の基本型はいくつかありますが，その中の1つ，結論や要点を最初に述べる「頭括型」はこのような場合に有効です。

☑ すっきりした提案

　せっかく研究授業をするのであれば，その授業をつくるまでの準備の工夫や実際の授業の様子，さらに授業後の研究会で明らかになったこと，今後の課題など記録にまとめておくこと，またそれらを共有することが大切です。しかし，職員一人ひとりは大変忙しい毎日です。そこで，できるだけコンパクトにまとめるようにしたいと思います。各人の記憶が鮮明な授業後1週間以内に研究授業後の成果と課題についてＡ４用紙1枚にまとめ，印刷プリントを全員に配付することをお願いします。

この提案，なんとなくわかりにくくないでしょうか。「研究授業の意義」「職員の状況」「作成物の説明」が入り乱れています。そこで，この提案の最重要事項である，作成物の説明を冒頭にもって来ます。

> 　研究授業のまとめを，Ａ４用紙１枚で１週間以内に全員へ配付してください。内容は，①授業までの工夫点　②授業中の様子　③研究会でわかった課題です。理由は，先生方の負担軽減と貴重な成果と課題を共有するためです。

　その他のむだな言葉も削ることで，すっきりわかりやすくなりました。

☑ 内容を整理して伝える

　この方法は，管理職に報告をしたりする場合も有効です。
　「教頭先生，報告があります。結論から言うとたいしたケガではなかったのですが，子どもが１人保健室で治療をしました。原因は，休み時間に…」という報告ならば安心して聞けます。しかし，次のように，時系列で出来事の経過を逐一述べるような報告では，「…で，最終的にどうなったの？」と，報告を受ける側は不安を覚えるでしょう。
　「教頭先生，大変でした。休み時間に○○くんと△△くんが追いかけっこをしていたんですが，途中で廊下の角でぶつかって，頭を打ったらしいのです。ぶつけたのは○○くん１人でしたが，そばで見ていた□□先生が…」
　最重要事項がはっきりしている場合や緊急事案については，内容を整理して結論から述べるようにしましょう。

> 結論や要点を先に述べ，すっきりと伝えるべし。
> 聞き手の立場を考えた提案を心がけよう。

第3章
提案
多様な手法や人間の心理を知る

20 尾括型提案
ストーリー性を意識する

概念的なことの説明にはひと工夫が必要。
提案に情熱や思いを込める。
ストーリー性を意識しながら提案してみる。

☑ 感情移入してもらうために

　先に紹介した頭括型に対して，研究の理念や方針などを提案する場合には，「尾括型」の方が効果的な場合もあります。
　研究の理念や方針といった概念的なことの説明には，ある種の"ストーリー性"を要求されます。
　ストーリー性とは，起承転結や「はじめ・なか・おわり（まとめ）」のような構成です。
　このストーリー性は，聞き手や読み手，すなわち情報の受け取り側に感情移入してもらうことに効果を発揮します。「あぁ，確かにそうだよな」「うんうん，こういうことってよくある」…と同感してもらうことが，概念的なことを説明するうえでは非常に重要です。

☑ 提案に情熱や思いを込める

　研究主任は，研究主題設定の理由などを，多面的に検討し，最も合理的な形でまとめます。しかし，その受け取り方（解釈の仕方）は人によって変わってくることがあります。
　提案者である研究主任の考えをきちんと伝えなければ，学校全体の研究と

はなり得ないわけですから,相当気を遣わなければならない部分です。

　方法や評価など目に見えるものを伝えるときと違い,概念的なことは目に見えないものを伝えることになります。当然,客観的な事実,普遍的な定理を基に話を進めることになります。例えば,学習指導要領の一節や子どもや学校全体の実態を表すグラフなどです。

　しかし,それだけでは人の心は動きません。最後に研究主任の情熱や思いを込める必要があります。

☑ ストーリー型提案

　研究主任の情熱や思いを伝える,ストーリー型の提案は,切り出し方にポイントがあります。

　「『学校っていいね』と担任をしていた子どもがつぶやきました。この子はしばらく入院をしていた子どもです。…」

　「24.5%。アンケートで算数が嫌いと答えた子どもの割合です。…」

　象徴的な出来事で聞き手を一気に引き込むのです。

　そして,研究主任の情熱や思いも交えながら,下記の例のように展開を意識して説明していきます。

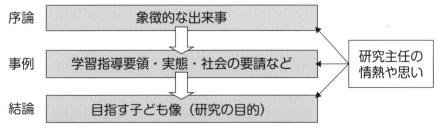

心得20　概念的なことの提案にはストーリー性をもたせよう。
　　　「象徴的な出来事」で切り出し,聞き手を一気に引き込むべし。

第3章
提案
多様な手法や人間の心理を知る

21 非水平型提案
高所の視点を与える

 やってほしいことがたくさんあるときは要注意。
時系列に並べ，当面の課題に集中してもらう。
一方で，見通しのもてる提案も心がける。

☑ 人は先が見えないと不安になる

近年，「ユニバーサルデザイン」という概念が学校現場に浸透しつつあります。手法や考え方は様々なようですが，視覚化，焦点化，共有化といったことがポイントになるようです。

視覚化の中には，「見通し」と呼ばれる，活動計画を提示する手法があります。特別な支援を要する子どもたちの中には，1日のスケジュールや1時間の活動の流れがわかると落ち着いて学習に取り組める子もいます。

これは特別なことではなく，我々大人でも，程度の差はあれ同様だと思います。4月当初の職員会議で年間計画を教務主任が提案することも同様の考えによるものです。

研究主任の提案にも，見通しをもってもらう工夫は必要です。

☑ 水平に並べる→縦にそろえる

まず，校内研修で個人がやるべきことを箱形でイメージしてみます。

| アンケート調査 | 研究授業 | 環境整備 | まとめ作成 |

これらをすべて同時に行うことは当然無理です。ですから，常時すべてを提示して，「全部やるんだ」と意識させすぎてしまうと，職員の意欲は減退することになるでしょう。

　そこで，当面取り組むことに集中してもらうよう，時系列に縦に並べます。

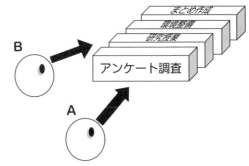

　短期で集中的に取り組んでほしいときは，Aの視点で1つだけ見えるように提案します。

　しかし，ある程度の見通しをもってほしいときは，やや高所のBの視点で提案します。これからやることがうっすらとでも見えている方が安心するからです。

☑ 提案書（研修通信）の書き方

　年度当初だけでなく，5月以降も研修通信として，提案書を週に1度程度は出していきたいものです。

　そのとき，当面の課題だけを伝えるのではなく，1か月間，2か月先までの課題を少しだけ載せることがポイントです。

　「とりあえず当面の課題に全力で取り組んでもらう。余裕があれば次の課題に備えてもらう」という意識で見通しを提示するわけです。

心得21
当面の課題に集中してもらいつつ，先の課題も意識してもらえるような提案を行うべし。

第3章
提案
多様な手法や人間の心理を知る

22 択一型提案
一人ひとりに選んでもらう

 提案はできる限り全員の合意を重視する。
○か×では否定される危険あり。
自らが選んだと思ってもらえる提案を工夫する。

☑ ○か×では先に進まない

　職員に提案をするときは，できるだけ全員の合意を得たいものです。よかれと思って一生懸命考えた提案事項を否定されるのはあまり気持ちのよいものではありません。もちろん，自分の企画に無理や不合理があれば，指摘してもらって，再検討して提案し直せばよいのですが，そうでない否定もあります。つまり，校内研修に消極的な人たちに普通に提案をしても，それとなく否定されていくことが多いのです。

　このようなとき，多くの場合，○か×で意思表示をするようにしてしまっています。例えば，「参観者に研究授業の参観ポイントを知ってもらうために，授業の工夫点や参観の見所を簡単に記述したプリントを指導案に貼付する」という取り組みを提案したいとします。これを「…するのはどうでしょうか」と提案し，○か×で選択してもらうと，「面倒くさい」「工夫点などは指導案にある程度書いてあるからむだ」といった思いで×をつける人が出てきます。

☑ 選択型に変えてみる

　そこで，この提案の仕方を次のように変えてみます。○か×かを決めるの

ではなく，3つの選択肢から1つを選んでもらうのです。

> しっかりした視点をもって研究授業参観に臨んでほしいので，そのための授業者の取り組みとして，次の3つから1つを選んでください。
> A　研究授業前日の放課後，授業者は事前のプレゼンテーションを10分間行う。
> B　研究授業の当日，授業者は授業の工夫点や見所を書いたプリントを教室後方に準備する。
> C　授業者は，指導案の1枚目に授業の工夫点や見所を簡単に記述したプリントを貼付しておく。

Aは，おもしろい取り組みですが，全員が時間をつくる必要が出てきますし，プレゼンの準備にも当然時間を要します。Bも，研究授業当日の心理状態や段取りを考えると敬遠したくなるものです。また，参観者にも，「直前に渡されても…」というデメリットがあります。結果として，妥当な案であるという印象をもったうえで，Cを選んでもらうことができます。

☑ 2択よりも3択

まず，2択よりも3択の方が，自分の意志決定が働いていることが実感でき，抵抗感が少なくなります。2択だと「こっちと比べたらこっちの方がマシ」という消去法的な意識が強くなり，不満を残しがちです。

また，上の例のように，ちょっとがんばればできそうなこと（本命）のほかに，本命と同程度の効果は得られるものの，労力やデメリットが大きいものを組み合わせることがポイントです。

心得22　選択肢の工夫で全員合意の提案を目指すべし。

第3章
提案
多様な手法や人間の心理を知る

23 Q&A型提案
難しいことをわかりやすく

"知っていて当然" という思い込みは危険。
何も知らない素人の視点で自分の提案を眺めてみよう。
難しいことをわかりやすく伝えるのがプロ。

☑ 思い込みハザード

　研究内容や実践内容を提案するときに最も気を付けなければならないことの1つが,「思い込み」というハザード(障害)です。

　例えば,1年間の行事スケジュール,地域の特徴,研究の流れ,あるいは学習指導要領の内容など,自校の勤務経験が長い先生や研究熱心な先生ならば当然知っていることがあります。

　しかし,転任したばかりの先生,経験の浅い先生などにはよくわからないことも多いものです。

　そういった前提を顧みず,「みんな知っているだろう」と思い込んで何かを提案すると,提案している内容そのものがよくわからないという事態に陥りかねません。

　人は,内容を吟味しようとしても,その中に知らないことがいくつか出てきてしまうと,思考が停止してしまう生き物なのです。

☑ 素人 or 玄人

　そこで,提案時に意識したいのが,「素人の視点をもって,玄人の説明をする」ということです。

アマチュア（素人）から見るとどう見えるか…を意識しつつも，プロ（玄人）らしい伝え方をします。

　ここで言う"プロらしい伝え方"とは，専門用語を連発して難解な語句を並べ立てることではありません。難しいことをわかりやすく，具体的な実践イメージがわくように説明することこそ，プロの伝え方です。

☑ Q&A型提案

　プロらしい伝え方の1つにQ＆A型の提案があります。

　論文のように文章だけで説明するのではなく，キャラクターなどを使って会話（質疑応答）形式で説明するのです。

　右の資料は，私がはじめて研究主任をしたときの提案資料です。実物にはアニメのキャラクターが入っていて，会話形式で説明が進んでいきます。

　このようにキャラクターなどを使って，疑問点に答えるような形をとると，読み手が理解しやすいだけでなく，提案者である研究主任自身も，伝えたいことをいま一度整理できます。

ドクター○○○○のH13校内研講座

「はかせ、今年の校内研についておしえて…」

「うむ、そうじゃなぁ。まず、第一に考えるのは西小の子どもたちのことじゃ。めまぐるしく社会が変わる中に将来大人として生きていかねばならん。」

「そうだね。高齢化や少子化、情報化や国際化ってどんどん進んでいるモンね。」

「じゃろう。けれど、地域や家庭の教育力は下がりつつある、学級崩壊などの問題も出ている。また、中学校では「学力の2極化」といって、勉強する子としない子の差が問題にもなってある。」

「そういえば、キレル17歳の問題も大きいね」

「そのとおり。それはつまり、社会全体が豊かになり物質的なものが心の成長をはるかにオーバーしていることにも問題があり、子どもたちの中に将来に対する閉塞感…目標が見いだしにくくなっているのかもしれん。」

「これからは、時代に応じた「教育」の内容やシステムを創造していかなくちゃいけないってことね」

「そう。この社会の要請から、国語や算数の教科の時間を削って「総合的な学習の時間」が新設されたのじゃ。また、教科の内容自体もつまずきやすかったような、理解が難しい内容を削減したり、上学年中学校などに移行することも行った。」

「どうして、内容まで減らすの？」

「うむ。時数が少なくなったことが大きな原因だが、実は時数以上に内容の方が減っておるのじゃ。」

「えっ。どうして？」

提案内容をわかりやすく伝える工夫は不可欠。
Q＆A型提案で"プロらしい伝え方"をすべし。

第3章
提案
多様な手法や人間の心理を知る

24 短即型提案
随時情報を更新，告知する

人は忘れる生き物だから，随時提案することが必要。
忙しいことを前提とした連絡・提案方法を考える。
プリントは印刷の仕方で伝わり方が変わる。

☑ 随時提案の必要性

　入念な準備，的確な提案をもってスタートした校内研修も，時を経ると様々なところにひずみや無理が生じてきます。

　また，人は忘れる生き物ですから，定期的に情報を更新し，告知する必要があります。その際は「21　非水平型提案」で触れた研修通信のような告知方法が大変有効です。

　では，そういった随時提案は，どのようにすれば受け入れてもらいやすくなるのでしょうか。

　ここでカギとなるのは，受け取り手（読み手）の立場に立って考えることです。

☑ "忙しい"だけが原因ではない

　当然のことですが，研究主任は常に研究の目的や内容，方法を意識しています。また，どのように校内研修を推進していけばよいかという課題意識も明確です。

　しかし，その他の職員はそうではありません。少しオーバーかもしれませんが，研究授業の指導案を書くとき「研究テーマってなんだったっけ？」と

思い出すぐらいだと考えておいた方がよいでしょう。

　これは、日々の校務の忙しさが大きな要因になっているわけですが、忙しさだけでなく、校内研修に関する情報が随時更新、告知されていないことも1つの要因です。忙しい中でも、フッと息つける時期はあるものです。研究主任はこの時間をつかまなければなりません。

☑ 印刷の仕方を工夫する

　短い時間で目を通すことができ、なおかつ伝えたいことを正確に伝えるには工夫が必要です。例えば、カラー印刷でもできればよいのですが、コストの面から難しいところがあります。

　プリントが複数枚あれば、その時点で敬遠されます。やはり何とか1枚にまとめることが必須条件になってくるわけですが、1枚をびっしり文字で埋めてしまっても、また手にとってもらえなくなります。

　そこで、両面刷りを活用します。

　表面には、内容を簡潔に表した見出し的な文章を載せます。ひと目で何について書いてあるかがわかることが重要です。30秒程度でサッと読めるようにします。そして、表面にリンクする形で詳細を裏面に印刷するのです。これだと、忙しくても表だけ読んでもらえば内容のあらましは伝わり、時間ができたときに裏面を読んでもらえます。

　この手法は、インターネット上のポータルサイトのトップページで活用されています。自分なりの工夫で、研究に関する情報を随時更新、告知していきましょう。

研究に関する情報は随時更新、告知すべし。
プリントは両面刷りであらましと詳細を書き分けよう。

第3章
提案
多様な手法や人間の心理を知る

25 不完全型提案
文章の工夫で読み手を退屈させない

聞き手が受け取ったことが提案内容になる。
興味を抱かせ，ひきつけ続ける工夫をする。
キーワードを穴埋めにして提案する。

☑ 「何を伝えたか」ではなく「何を受け取ったか」が重要

　大学の講義のように一方的に情報を伝達する方法は，同時にたくさんの人に同じ内容を伝えるのに適しています。

　話し手は全員に同じことを伝えるわけですから，内容の理解や記憶保持に関しては聞き手の責任になります。

　しかし，授業や校内研修の提案においては，そのような講義型の一方通行では不十分です。提案において重要なことは，「提案者が何を伝えたか」ではなく「聞き手が何を受け取ったか」です。

　聞き手に提案者の意図をきちんと受け取ってもらうには，それなりのしかけが必要です。

☑ 興味を抱かせ，ひきつけ続ける

　テレビ番組は，チャンネルを変えてほしくないので，様々な工夫をしています。次の展開を予想させたり，問題を提示して答えを出すまでに時間を空けたりするのもその一例です。

　小説や映画にも，「次はどうなるのだろう」「結局犯人はだれだろう」という期待や疑問をもたせるような工夫が施されています。

このように，聞き手（読み手）に興味を抱かせ，ひきつけ続けるための工夫を，校内研修に関する提案を行う際にもぜひ取り入れたいものです。

☑ 文章を穴埋め形式にする

　企画書や研修通信などは，正確に伝えようとするあまり，つい詳しく書いたり，情報を詰め込み過ぎたりしてしまうものです。しかし，そのような文書ほど読み手は退屈してしまいます。

　そこで，読み手を退屈させないためのしかけとして，以下の例のように，内容の中でキーワードに当たる部分などを空欄（穴埋め）にしたうえで提示します。

> 研究授業参観時には，　　　　　　　　　を必ずお持ちください。

　1つの内容（段落）に1つぐらい空欄を入れておくと，クイズ感覚で，そこに文字を入れて補完しようとして，ついつい周辺の文章も読み込んでしまうものです。

　この場合，例えば，職員室内に答えを掲示しておく方法があります。また，あえて答えは示さず，研究授業当日に，それぞれの職員が持って来たものを確認し合う方法もあります。筆記用具や指導案を持ってくる人もいれば，関係資料や自分の学年の教科書などを持ってくる人もいるでしょう。そんな答えの違いをお互いに楽しむような提案も，職員の連帯意識を高め，研究推進のよいアクセントになります。

重要なのは，提案者が「何を伝えたか」ではなく，聞き手（読み手）が「何を受け取ったか」。
読み手を退屈させない工夫を心がけるべし。

第3章
提案
多様な手法や人間の心理を知る

26 即興型提案
ICTでインタラクティブに提案する

準備が行き届き過ぎると弊害が生じる。
職員との双方向のやりとりを意識する。
「やってみたい」と思える提案が,実践への一歩を生み出す。

☑ 紙芝居型提案の欠点

　プレゼンテーションソフトを用いて提案を行う場合は,あらかじめ提案内容を紙芝居のようにスライドにまとめたうえで提示します。この中で,画像や動画,アニメーションなどを交えながら聞き手をひきつけていきます。これらは,言ってみれば,あらかじめ準備されたものです。
　しかし,授業もそうですが,あまりに準備が行き届き過ぎ,紙芝居のように予定調和的に展開すると,子どもは常に受け身になってしまいます。言い方を変えれば,先生が次々に提示することで,子どもは考えなくて済む状態になりがちだということです。
　校内研修の提案においても同様の弊害が考えられます。

☑ インタラクティブ提案

　そういった弊害を打ち破る方法の1つとして,提案文書の中に問いかけだけをつくっておき,答えに当たる部分を職員にその場で考えてもらう,というやり方があります。小グループなどで話し合い,結論をスライドに記録していくのです。
　当然,プレゼンテーションソフトは,スライドショー表示ではなく,作業

画面を表示することになります。

例えば，以下のような提案を行います。

> 昨年度の子どものたちのアンケートには，「授業の中で発表することに自信がない」という回答が40％もありました。今年授業改善をするうえでどのような手だてが考えられるでしょうか。また，その手だてを共通実践するうえでどのような課題が考えられるでしょうか。

この問いの答えを，学年部などの小グループで話し合ってもらいます。

数分後，グループの代表に発表してもらい，タイピングの速い先生にその場でスライドに記録してもらうのです。仮に不十分な内容でも必ず記録します。スライド上に書くので，長い場合は要約してもらいます。自分の発表したことが画面に出るだけでも成就感を味わってもらえます。

☑ みんなを笑顔にする提案

ここまで述べてきたように，校内研修にかかわる提案には，様々な苦労がついて回ります。だからこそ，多様な手法や人間の心理を知っておかなければなりません。

研究にかかわるすべての職員が納得して「やってみたい」と思える提案が，それぞれの実践への小さな一歩を生み出すのです。

研究主任は，常に職員が笑顔になれるような提案を心がけたいものです。

紙芝居のように予定調和的に展開する提案は職員の思考を停止させる。ICTの特性を生かしてインタラクティブな提案を行い，職員の参加意識と成就感を高めるべし。

管理職と研究主任

　校内研修の充実は，学校経営において極めて重要な課題です。
　子どもの教育に直接かかわる先生たちの授業力や学級指導力の向上は，何よりも求められるスキルアップです。
　ですから研究主任は，学校の最高経営責任者である校長の期待を一身に受けていると言えます。
　企画力や推進力だけでなく，調整力も持ち合わせた研究主任は，有望な管理職候補とも言えます。組織を動かすポジションは，難しさもありますが期待も大きいわけです。
　「将来，学校経営をまかせられるような人材にこそ研究主任を…」と言えば，言い過ぎでしょうか。

Column

第4章
調整
主任の腕の見せどころ

　どんなに優れた企画も，実践していくうちに調整を迫られることになります。研究主任はその調整を担う立場でもあり，自動車でいうところのハンドルのような極めて重要な存在なのです。

　しかし，自動車が他の重要なパーツで構成されているのと同じように，校内研修も職員一人ひとりの力を結集して進められていくものです。

　この章では，組織の中で職員一人ひとりに活躍してもらうためのポイントに触れます。調整は，地味な仕事ですが，研究主任の腕の見せどころでもあります。

Chapter 4

第4章
調整
主任の腕の見せどころ

27 研究推進委員会の開催

 研究推進委員会は実践のチェックが目的。
代表者を集める時間の価値と代償を理解しておく。
工夫次第で時短はできる。

☑ 研究推進委員会の目的

　校内研修を進めていくうえで，研究推進委員会を定期的に開くことは重要です。何度も全職員で話し合う機会をとる余裕はありませんし，参加する人数が多ければよい意見が出るとも限らないからです。「綱引き理論」と言われるように，大人数で集まると「自分1人ぐらい手抜きをしたって…」という心理が働くものです。

　組織図に表された各部署の長を集めて，進捗状況の確認や研究推進上の課題などについて話し合い，また，適宜新しい提案を行っていくのが研究推進委員会の主な目的です。

　委員会に，昼休みなどの休けい時間を使うことはできません。そうなると，放課後の時間に設定することになります。内容にもよりますが，時間は20分程度が理想です。参加する職員の学級事務や個別指導などに使いたい時間を削って設定していることを十分意識しておく必要があります。

☑ シートの作成

　短い時間で多くの協議課題をこなし，効率的に会を進めていくには，事前準備と工夫が必要です。

まず，右のような「研究推進委員会シート」をつくって配付しておきます。盛り込む内容はおおよそ以下の通りです。

```
第○回 研究推進委員会
 1  事前研について（10分）
   現状 4，3，2，1
   ［　　　　　　　　　］

 2  アンケート分析（10分）
   現状 4，3，2，1
   ［　　　　　　　　　］

※特記事項 ○○○○○○○○○○

次回 ○月○日
内容 _____
```

- 協議（提案）内容と所要時間
- 現状報告→４段階評価と文章
- 特記事項
- メモ欄（余白）
- 次回予告　　　　　　　　　　など

このように１枚プリントをつくっておくだけで会議時間は随分短縮できます。

また，記入自体にも時間がかからないように現状を選択式にしています。

☑ 時間を区切る

シートは当日持ち寄ってもらうだけでも十分ですが，余裕があれば，あらかじめ集めて目を通しておくとよいでしょう。さらに余裕があれば，縮小印刷して（ひと目で把握できることが重要）会議で配付することもできるでしょう。

時短にここまでこだわったのですから，終了時刻も研究主任が厳守しましょう。職員の協力を得るには，「研究推進委員会は負担にならない」という意識をもってもらうことが何より重要です。

心得27　研究推進委員会は工夫を凝らして，とにかく効率的にやるべし。

第４章　調整―主任の腕の見せどころ

第4章
調整
主任の腕の見せどころ

28 管理職への報告・連絡・相談

管理職への報告・連絡は義務。
情報は適宜，簡潔に伝えていく。
相談を積極的に。

☑ 管理職に従う義務

【学校教育法　第三十七条】
　校長は，校務をつかさどり，所属職員を監督する。
　副校長は，校長を助け，命を受けて校務をつかさどる。
　教頭は，校長（副校長を置く小学校にあつては，校長及び副校長）を助け，校務を整理し，及び必要に応じ児童の教育をつかさどる。

　上のように，校務をつかさどる校長や副校長，校務を整理する教頭に，児童のことや校務のことを報告・連絡することは職員の義務です。また，地方公務員法第三十二条に「法令等及び上司の職務上の命令に従う義務」がありますから，管理職の助言や指導にしたがうことも，当然義務となります。
　校内研修を進めていくうえでも，管理職への報告・連絡はもちろん，相談も適切に行っていく必要があります。

☑ 情報を送り続ける

　管理職の生命線は，校務や職員にかかわる情報です。例えば，自己評価に

おける育成面談も，管理職の情報収集において有効な方法になっています。
　ですから，研究主任は校内研修の方向性，実践内容，進捗状況などについて，適宜，報告・連絡する必要があります。
　また，お互いに忙しい毎日ですから，文書にまとめて報告する，口頭でも簡潔に述べる，などの工夫は必要です。報告書については，基本的に５Ｗ１Ｈでまとめるようにするとよいでしょう。
　また，助言や指導を受けた後は，必ずその後の経過について報告することも忘れてはいけません。

☑ 相談を上手に利用する

　一言で"相談"と言っても，タイプはいろいろあります。

> ・A or Bのように選択する判断の相談（Which）
> ・問題に遭遇したときの解決の相談（How）
> ・自分の中ではほとんど結論が出ていることについて，後ろ盾や後押しがほしい相談

　どの相談も，自分の中で悩みのポイントを明確にしておくことと，相談のタイミングを見極めることが大切です。報告・連絡と違い，相談にはある程度の時間が必要です。管理職が時間のあるときをとらえてできるだけじっくり行うよう心がけたいものです。
　やる気のある研究主任に味方しない管理職はいません。きっと問題解決のヒントを与えてくれたり，強力なバックアップをしてくれたりするはずです。

報告・連絡・相談をしっかり行い，管理職を味方にすべし。

第4章
調整
主任の腕の見せどころ

29 職員の負担感の軽減

CHECK アンケートの回答は内容の精査が必要。
負担だけでなく，負担感を軽減する工夫も必要。
職員室での雑談の中に改善のきっかけがある。

☑ 職員の意見を精査する

　学期末など区切りの時期に，職員に対して校内研修にかかわるアンケート調査をすることがあります。

　その結果を分析する際，特に注意すべきなのが，校内研修に対する負担感を訴える意見は，実態や根拠を精査したうえで対策を決めるということです。

　アンケートを実施し，校内研修について評価してもらうと，取り組みに対する負担感を訴える先生が必ずいます。しかし，それがどのような実態や根拠に基づくものなのかによって，とるべき対策は大きく変わってきます。

　例えば，「研究授業の事前検討会が多すぎる」という指摘を受けたとしましょう。

　仮に，1回の研究授業に対して常時3回，4回と検討会を行っているのであれば，回数が多すぎるという意見は妥当なものかもしれません。参加する職員が抱えているその他の校務なども考えると，回数減を検討する必要がありそうです。しかし，授業者にとって満足のいく検討が1，2回ではできなかったため，たまたま検討会を3，4回実施したというのが実態なら，話は違ってきます。この場合，一律に検討会の回数を制限するような対策が必ずしもよいとは限りません。

☑ 負担 ≠ 負担感

　事実はだれが見ても変わりませんが，その見方やとらえ方は人それぞれです。

　「負担」と「負担感」も同様です。たくさんの仕事をこなし，負担が大きい人も，それに対して充実感や達成感をもっていれば，負担感は覚えていないということもあり得ます。自らがおもしろいと思うことには，時間やお金をつぎ込むのと同じです。

　ですから研究主任は，負担となる仕事量やその割り振りの調整を行う必要ももちろんありますが，職員ができるだけ負担感を覚えなくて済むように，充実感や達成感を味わうことができるような工夫を凝らす必要があります。

　例えば，短期目標，中期目標を設定し，それに対してきちんと評価していくことや，子どもや地域の変容（＝職員の取り組みの成果）をアナウンスしていくことなどが考えられます。

☑ とにかく情報収集を

　職員室での雑談ほど本音が飛び交う会話はありません。研究主任は，それに聞き耳を立てるだけでなく，気軽に参加するようにしたいものです。その中で，ときには校内研修に対する愚痴や不満が聞こえてくるかもしれません。研究主任にとっては耳の痛い話の中から，組織の欠点やシステム上の不備が見つかることも少なくありません。

　職員の言葉を愚痴というレベルでとどめるのではなく，改善のきっかけとして活用できれば，一流の研究主任と言えます。

負担を減らすだけでなく，負担感を軽減するための工夫を凝らそう。
職員室の雑談の中から改善のきっかけをつかむべし。

第4章
調整
主任の腕の見せどころ

30 人と組織を動かす評価

評価で人や組織を動かす意識をもつ。
内容だけでなく，働きにも注目。
個人と組織の両方を評価する。

☑ 評価の意義

校内研修全体の総括的な評価については第7章で述べます。

ここでは，研究推進上のいわゆる「形成的評価」について考えていきましょう。

山本五十六が遺した次のような名言があります。

> やってみせ，言って聞かせて，させてみて，ほめてやらねば，
> 人は動かじ。
> 話し合い，耳を傾け，承認し，任せてやらねば，
> 人は育たず。
> やっている，姿を感謝で見守って，信頼せねば，
> 人は実らず。

特に一番最初の一節は有名ですので，目にされたことのある方も多いでしょう。人間は，ほめられ，認められ，信頼を受けて変わっていくことを見事に表した言葉です。

☑ 2つの評価

　研究主任は，2つの評価を大事にする必要があります。

　1つは，研究内容の評価です。これは1年（数年）かけて取り組んだ成果を，数値データとして，あるいは，作品や記述によって示すことです。

　もう1つは，研究組織の取り組みの評価，つまり「働き」の評価です。これは，年度末に行うのではなく，もっと短いスパンで，例えばイベントごとに適宜行う必要があります。

　後者は，何かに載せるわけではなく，ともすると実態も見えにくいわけですが，これも研究主任にとっては重要な仕事です。

☑ 個人と組織の形成的評価

　校内研修は，個人の働きと組織の働きの相乗効果によって進んでいくものです。

　ですから，例えば，職員に対するアンケート調査を実施する場合も，個人としての取り組みの実態を調べるだけでなく，組織としてどうであったかを調べるような項目も設ける必要があります。

　また，反省点をあげる項目ばかり並べるのではなく，少しでも変化が見られたことや，目立たないところで努力していたことにスポットライトが当たるようなアンケートを工夫したいものです。

　もちろん研究主任自身も，すべての職員，すべての組織を観察し，きちんと称賛できるようにしたいものです。やや極端な表現かもしれませんが，全員分の称賛の文章を準備するぐらいの気構えは必要です。

評価によって人も組織も変化する。
反省だけでなく，前向きになれる評価を常に意識すべし。

第4章
調整
主任の腕の見せどころ

31 全員参加の場づくり，雰囲気づくり

職員全員に活躍の場を用意する。
「ギブアンドテイク」のギブを常に意識する。
目的は常に子どもの変容。

☑ 職員全員に活躍の場があるか

　校内研修の研究対象は基本的に全児童です。ということは，子どもたちにかかわるすべての職員が研究同人となるわけです。

　その中で目的や内容に応じた組織を編成するわけですが，留意したいのが，「職員全員に活躍の場があるか」ということです。

　例えば，研究主題が授業改善にかかわることであれば，ほとんどの授業者に活躍の場はありそうですが，国語や算数など特定の教科を研究内容にすると，音楽などの専科教員は内容そのものに携われないことがあります。また，養護教諭などふだん授業にかかわらない職員もいるので，環境整備やアンケート集計などの役割なども幅広く用意しておく必要があります。

　人が生きているうえで最も辛いことは，だれからも必要とされないと感じるときだと言われます。校内研修においても，「私がいなくても校内研修は問題ない」という一歩引いた気持ちにだれもならなくて済むように気を配る必要があります。

　特に，研究発表会を何度も経験しているベテランの先生の中には，冷めた気持ちになりやすい人もいます。そういう人たちにも役割をきちんと用意して，「先生がいないと困る」という雰囲気をつくるようにしましょう。

☑ ギブアンドテイク

「ギブアンドテイク」の言葉通り，自分以外のだれかに優しくしたり，役立つことを行ったりすれば，必ず自分に返ってきます。

校内研修においても，研究主任は常にギブを意識したいものです。研究推進の協力を得たいのならば，先に相手の役に立つことをする，ということです。

例えば，授業力も学級経営力もあるけれど，ICTが苦手な先生には，進んでパソコンスキルを教えてあげたり，ときには代行してあげたりすると喜ばれます。

また，組織の中には苦手な存在の先生もいるはずですが，好き嫌いで仕事が滞ることがないようにする，ということも注意したいポイントです。苦手と思う先生ほど積極的に話しかけたり，作業を一緒にしたりして，できる限り心の垣根を低くしておくように心がけたいものです。

☑ 目的を常にアナウンスする

研究に対するアプローチの仕方が，職員個々人によって違ってくる局面はどうしても出てきます。これは共同研究である限り，ある程度致し方ないことであると覚悟しておきましょう。

ただ，同じ目的に向かっているということは，全職員に向け折に触れてアナウンスする必要があります。校内研修の目的は，常に「子どもの変容」です。

職員全員に活躍の場を用意しよう。
アプローチは多少違っても，同じ目的に向かっているということをアナウンスすべし。

第4章
調整
主任の腕の見せどころ

32 研修通信の活用

研修通信を書くことで頭の中を整理整頓する。
研修通信の目的は「情報の共有」「動機付け」「スキルアップ」
定期的に発行するには工夫も必要。

☑ 情報発信は整理整頓のチャンス

　学級通信や学年通信，学校通信などは，自分や組織の思いや考えを伝える手段で，知らない人に知っている人が伝達するという構図があります。

　研修通信にも当然そういった役割はありますが，研究主任自身にとっても重要な価値があります。それは，研修通信として文章化することで，校内研修の進み具合や内容が整理できる，ということです。

　だれかに対してものを書いて伝えるということは，時系列の出来事や取り組みをカテゴリー別に整理し直して分類・整理する必要があります。そうしなければ，読み手が内容をとらえにくいからです。大事なことは何を書いたかではなく何を読み取ってもらうかですから，読み手の意識に沿って構成するのは当たり前のことです。

　この再構成作業が，研究主任の頭の中の整理整頓に役立つのです。定期的な研修通信の発行を，タスクスケジュールに組み込んでおきましょう。

☑ 研修通信の目的は「情報の共有」「動機付け」「スキルアップ」

　研修通信の書き方には，もちろん正答があるわけではありません。また，発行の頻度なども自由です。ただ，毎回ある程度決まった形式でつくり，あ

る程度定期的に出していくことは必要でしょう。

　研修通信を発行する第一の目的は「情報の共有」です。

　「何があったか」「いつやるのか（したのか）」「だれがしたのか（するのか）」など事実をきちんとまとめて伝えることが大切です。校内研修について「私だけが知らなかった」というような事態をだれかが経験することは絶対に避けなければいけません。

　第二の目的は「動機付け」です。

　事実に対し研究主任の評価（主に称賛）を加え，向上的な変容を記していくのです。この繰り返しによって「次もがんばるぞ」「今度は自分が…」という実践動機を職員にもってもらえます。

　第三の目的は「スキルアップ」です。

　書籍やインターネット上にある，校内研修にかかわる有益な情報を積極的に紹介することによって，職員のスキルアップを図ろうというわけです。研究にかかわる内容，修養にかかわる内容，あるいは教育動向など，何でもかまいません。先述の通り，研究主任の「これぐらい知っていて当然」という思い込みは禁物です。

心得32

研修通信は，出す方にも受け取る方にも両者にもメリットがある。定期的に発行することを自らに課すべし。

第4章　調整―主任の腕の見せどころ

ぶれないことってカッコいい？

「考えがぶれない」「やることがぶれない」「判断がぶれない」こんな言葉を目にすると，芯の通った，一本気でストイックなイメージが重い浮かびます。カッコいい！　と思う人も多いでしょう。

しかし，ちょっと考えてみてください。

試行錯誤しながら物事を進めていくとき，「ぶれない」ことにこだわり過ぎると，柔軟性をなくしたり，適切な方法や内容を選べなくなったりする危険性もあります。

若葉マークの研究主任は，迷ったり悩んだりの連続です。カッコいい言葉に惑わされることなく，謙虚な姿勢で，その場に応じた適切な判断を行うようにしたいものです。

第5章
研究授業のプロデュース
事前準備から研究協議会まで

　校内研修において，研究授業やそれに付随する研究協議会のもつ価値や効果は，極めて大きなものです。
　研究授業では，授業そのものがうまくいったか失敗したかを論ずるよりも，その授業からどのようなことがわかったのかを検証することの方がはるかに重要です。
　事前準備から研究協議会に至るまで，研究主任のプロデュース力が問われます。

Chapter 5

第5章
研究授業のプロデュース
事前準備から研究協議会まで

33 研究授業運営の基礎・基本

研究授業は，研究の仮説を検証する場。
運営計画は長いスパンと短いスパンで考える。
研究授業は全員参加を基本とする。

☑ 研究授業は仮説を検証する場

　校内研修には，研究の仮説があります。研究授業は，その仮説を実践によって検証していく場です。

　仮説の中に示した目的を達成するための手だてを，実際の授業を通して有効かどうか検証しようというわけです。

　もちろん，授業者によって手だてを用いる力量に差があったり，学級ごとの子どもの実態によって手だての有効性が多少変わってくることもあるわけですが，研究主任は，多くの実践データから仮説を検証していくということを忘れないようにしましょう。

☑ 柔軟な運営計画

　研究授業や，それに付随する研究協議会（授業研究会）の運営計画は，研究主任にとって大変重要な仕事です。

　記録の取り方やその担当，研究協議会の方法や参加メンバー，招聘する講師の有無や選定，依頼…などなど，考えなければならないことは，山のようにあります。

　このうちの大半は，4月の段階で決めておくことができますが，詳細につ

いては，そのときどきに詰めていかなければなりません。常に先を見て動いていくことが重要です。

逆に言うと，4月に決めたことを完成形とする必要はないわけです。運営面などは，校内研修を重ねていく中で，どんどん改善していく意識をもっておくことが大切です。

☑ 全職員で運営する

研究授業当日の運営については，担当する学年部などが中心になって動くことが多くなります。そのためには，後述のような運営マニュアルが必要になってきます。

その中で，特に気を付けたいのが，1人につき必ず一役は担ってもらうということです。

授業の記録，研究協議会の記録，講師の紹介，謝辞…など，できるだけ多くの役割をつくり出し，必ず全員を配置するようにします。

役割がないことによって，「自分1人いなくても…」という思い，つまり，第三者的な意識の職員がいると，研究推進にブレーキをかけることにつながっていきます。

「自分がいないと研究授業ができない」とまではいかなくても，「自分がいないとみんなに迷惑をかける」ぐらいの気持ちは全員にもってもらうように運営したいものです。

すべての職員に自らの責任を自覚してもらうことこそが，組織づくりの最も重要なねらいと言っても過言ではありません。

多くの実践データから仮説を検証していくことを忘れるべからず。
研究授業では，1人につき必ず一役は担ってもらう。

第5章
研究授業のプロデュース
事前準備から研究協議会まで

34 目的に応じた指導案の形式

 指導案には2つの機能がある。
授業者の主張を盛り込んでこその研究授業の指導案。
指導案の目標と評価の対応をチェック。

☑ 指導案の2つの機能

　指導案のルーツは，師範学校の先生が授業を見学する学生のために参観のポイントを書いてあげたものだそうです。

　そう考えると，ベテランの先生が大半を占めるような学校では，題材の系統や単元計画などは，ある程度簡略化してもよいように思われます。

　しかし現実には，「指導案は形式に沿って詳細に書かなければならない」という指導を受けることが多いと思います。

　このことは，指導案のもつ2つの機能に着目して考える必要があります。1つは，上述のような授業を参観する人のためのガイド的な機能です。そしてもう1つは，授業者自らが意識しておくべきことや理解しておくべきことをまとめ，整理する機能です。ですから，詳細な指導案を書くこと自体が目的ではないということを意識する必要があります。

　研究主任は，こういったことを理解したうえで，目的に応じて指導案の形式を提案する必要があります。

☑ 主張の見える指導案を

　研究授業には，授業者のこだわりや工夫点といった「主張」が不可欠です。

提案授業の場合，提案に値する内容を指導案に記述することも必要ですし，公開授業の場合は，参観のポイントをわかりやすくあげる必要があります。

　授業は，「教師」「子ども」「教材」の三者によって成り立ちます。指導案もそれぞれの状況や思いを書き記したものになっていきます。教師に焦点を当てれば「発問・指示」「板書」，子どもに焦点を当てれば「学習形態」「作業・活動」，教材に焦点を当てれば「（教材の）分析・解釈」「教具・装置」などが工夫点の要素になります。

☑ 目標と評価の対応

　指導案をつくるうえで研究の主題や仮説を意識することは当然ですが，特に注意を払いたいのが，「本時のねらい（目標）」とそれに対応する「評価」の部分です。

　目標の書き方としては，例えば，「AのためにBという手段や工夫を通してCができるように（わかるように）する」というパターンがあります。Aは単元の中の目標，Bは手だて，Cは45分間での到達点，ということになります。

　これに対して，評価には2つの種類があります。1つは，授業内でのチェックポイントとしての評価，つまり本時の展開中に随時示されるものでBとの整合性を意識する必要があります。もう1つは，授業全体の総括的な評価で，これはそのまま目標のCの部分に当たります。

　ときどき，目標と評価がきちんと対応していない指導案を見かけることがあります。研究主任としては，誤字・脱字のチェックだけでなく，このような指導案や授業の本質にかかわることについても目配りしたいものです。

心得34
目的に応じた指導案の形式を提案するべし。
指導案チェックのポイントは目標と評価の対応。

第5章
研究授業のプロデュース
事前準備から研究協議会まで

35 授業づくりにかかわるサポート

研究授業はその1時間で終わりではない。
平常と特別の二面への意識付けが必要。
授業者が研究授業に専念できる環境を整える。

☑ 研究授業は1時間では終わらない

　先にも述べたとおり，研究授業は仮説を実践によって検証していく場です。ですから，指導案には仮説検証の視点が必要ですし，当然，授業自体もその視点を意識して進められる必要があります。

　もちろん，たった1時間の授業で劇的な効果を得られる手だてはそうそうありません。だからこそ，数時間という単元全体の目標を踏まえたうえで「この1時間ではこのような子どもの姿を育てたい」というねらい（45分間での到達点）を定めることが重要になってきます。

　そうなると，研究授業の前時までの授業も大切になってきますし，研究授業後の指導展開についてもしっかり計画しておく必要があります。

　こういったことをきちんと整理して，授業者にあらかじめ伝えておくことも研究主任の大切な仕事の1つです。

☑ 平常の部分と特別な部分

　研究授業になると，つい肩に力が入って，大きな提示物や大量の教具などを準備する先生がいます。だれも見に来ない通常の授業でもそのような準備をしているのであれば問題ないのですが，1時間の研究授業のためだけであ

れば,あまり意味はありません。

　当然のことながら,研究授業よりも平常の授業の方が圧倒的に多いわけです。ですから,通常の授業の中で年間を通して取り組んでいることを提案する,という意識が重要です。

　一方で,先にも述べたとおり,研究授業には授業者のこだわりや工夫点といった「主張」が不可欠です。例えば,(本時というより)本単元の学習に有効と思われる"これは!"という教材や教具があれば,それを用いることが必要な場合もあります。

　研究主任は,平常通りに行うべき部分と,自分のカラーを出すべき特別な部分の区別についてあらかじめきちんと説明しておき,打ち上げ花火のような一過性の研究授業に陥らないように授業者を導く責任があります。ここを怠ると,勝手に大変な準備をしておきながら,思うような成果が得られなかったら「やっぱり研究授業は大変なだけだ。校内研修なんていらない」といったネガティブなアナウンスをされてしまうようなことにもなりかねません。

☑ 授業に専念できるように

　研究授業に慣れていない先生が授業を担当すると,当日は朝から緊張していることが少なくありません。そういった余裕のない状態の先生が,極力授業に集中できるように環境を整えてあげることも研究主任の役目です。

　こういった面からみても,先に述べたような職員全員参加による研究授業づくりは有効であると言えます。そして,「研究授業は楽しい」というポジティブな雰囲気を広げることにもつながっていくのです。

平常通りに行うべき部分と,自分のカラーを出すべき特別な部分の区別について授業者にあらかじめ説明すべし。

第5章
研究授業のプロデュース
事前準備から研究協議会まで

36 講師の招聘

 講師要請，接待，お礼の流れを知っておく。
「おもてなし」の心を第一にお迎えする。
心のこもったお礼状も忘れずに。

☑ 講師招聘の手順

　研究授業を見てもらい，研究協議会で助言をしてもらう講師を呼ぶことも，研究主任の重要な役割です。自校の研究テーマについて実績のある学校現場の現役教員，スキルアップにつながる特定の教科や教授法の理論に長けた大学教員，教育動向に明るい教育委員会や文部科学省などの行政関係者など，研究授業の目的に応じて最適な講師を選定したいものです。
　いずれの場合にも，おおよそ以下のような手順を踏むことになります。

①事前に電話でアポイントメントをとり，おおまかな日程や内容，参加人数などを知らせる。
②校長から相手先の所属長へ派遣依頼をしてもらう。
③書面による依頼書を送付する（依頼書は本人宛（「校内研講師依頼」）と所属長宛（「講師派遣依頼」）の2種類が必要。講師には，校内研修の概要をまとめた文書や学校周辺の地図，駐車場の位置，来校後の動線を記した文書を同封する。講師代の支払いに関する文書も忘れないように）。

☑ 当日のおもてなし

　講師は，講演を生業としている方以外，本来の業務を差し置いて出向いてくださるわけですから，相応のおもてなしをするのが礼儀です。次のように，時系列に沿ってするべきことを把握し，担当者の配置をしておきましょう。

①「ウエルカムボード」の作成（到着１時間前までに）
②校長室（応接室）での接待
　お茶，茶菓子（手が汚れない食べやすいもの），研究授業にかかわる各種資料の予備の準備
③校長室（応接室）から授業会場へのエスコート
④授業会場から控え室（校長室など）へのエスコート
⑤研究協議会場等へのエスコート
⑥研究協議会終了後の校長室（応接室）での接待から見送り

☑ 事後のお礼

　講師を招聘するときは，お礼状を送付するまでが一連の仕事になります。これに関しても，本人宛と所属長宛の２種類が必要で，３日以内には届くように出しましょう。パソコンでひな形をつくっておくと便利ですが，手書き部分が少しでもあると，あたたかみが伝わるお礼状になります。研究主任や授業者からの気持ちをしたためて作成しましょう。ときには，お礼状の質が学校の評判を左右することになります。

講師の招聘はしっかりと手順を踏むべし。
当日の対応も，段取りよく礼を尽くそう。

第5章
研究授業のプロデュース
事前準備から研究協議会まで

37 運営マニュアルの作成

事前アンケートで講師の有効活用を。
研究授業の主役は授業者。
授業者が授業に集中できるように万全のサポートを行う。

☑ 講師を有効に活用するための事前アンケート

　校内研修を進めるうえで講師（外部指導者）の助言は大いに生かしたいものです。そのためには，事前に連絡を取り合い，自校の研究の目的や方法，研究の流れなどの情報を伝えておくことが重要です。
　また，当日の研究協議会で尋ねておきたいことを整理して伝えておくと，助言の時間が有効に使えます。職員にアンケートをとり，研究を進めるうえで困っていることや尋ねたいことを集めておくとよいでしょう。

☑ 授業者の達成感と講師活用のために

　特に，研究授業の授業者には，授業の工夫点やポイントを明らかにし，効果的かどうか，あるいはさらによくする方法がないかなどを，あらかじめ講師に伝えてもらうようにします。
　とにかく，研究授業の主役は授業者です。その授業者が「研究授業をやってよかった」と思えるように研究主任は様々な準備をしなければなりません。
　その一環が，研究授業当日にやることを時系列でまとめた次ページのような運営マニュアルの作成です（このマニュアルは，管理職が参加しない場合のものです）。

```
                          ┌─学年部だけでできる！
                  ○○小学校　小研マニュアル　【　　】…担当者を書き込もう
                                                         ウエルカムボード
  1 当日の朝                                              ┌─────────────┐
    (1) 講師用駐車場の確保（玄関前）【　　　　】           │本 ○○ ◇◇  ◇◇│
    (2) 「ウエルカムボード」の作成。（→）【　　　】      │日 小 （   先 │
        給食終了後には玄関へ　（スリッパも）【　　　】    │は 学 教   生 │
    (3) 講師用椅子の準備（職員室のパイプ椅子）【　　　】  │お 校 頭）    │
                                                         │世            │
  2 授業開始10分前                                         │話 校長室へどうぞ│
    (1) 授業者と研究主任は、校長室へご挨拶                │に            │
        ※ 3〜5分前に　学年主任（または代表）が授業クラスへ引率 │な │
    (2) 授業撮影用ビデオの設置                            │り            │
                                                         │ま            │
  3 授業開始                                              │す 複数の場合、│
    (1) ビデオ撮影【　　　　　】                         │。 ○○ ○○  │
        ※ 45分流し撮りでもOK。※基本的に発言者を撮影（教師、子ども） │小 小│
        ※ ノートに書くときは、数名を抽出して記録        │   学 学      │
    (2) 写真撮影                                          │   校 校      │
        ※ ウエブに掲載できるように、子どもの顔が写らないようにする写真と│◇◇ ◇◇│
           学級通信に載せられるように子どもの顔がはっきりわかる写真を意識して撮り分ける│（ ◇◇│
        ※ 撮影枚数は50枚が目安（1分に1枚）。授業の展開が分かるように。│教 先│
    (3) 自習監督【　　　　　】　　15分に1回程度全クラス見回りに │頭）生│
                                                         │   先          │
  4 授業終了後                                            │   生          │
    (1) 学年主任（または代表）が校長室へ引率「授業研は、3時20分より　○○で行います」
        場　所は基本的に教室（板書があるため）特別な事情があるときは、変更可。複数授業研がある
        場合、特別教室がダブらないように確認。
    (2) 速やかに下校… 帰りの諸注意だけですぐ帰れるように、配布物は昼休みなどを利用しておく

  5 授業研究会
    (1) 5分前に　学年主任（または代表）が会場へ引率【　　　　】
    (2) ペットボトルなど冷やしておいて、湯飲みを用意する。【　　　　】
    (3) 司会【　　　　】                          ┌──────────────┐ ┌簡単に─┐
        ※ 協議になったら、その都度、講師の先生にも  │会順　15:20-16:30(40)│
           意見や助言をもらうようにする。            │1講師紹介「○○小学校の◇◇先生です」│
        ※ ざっくばらんな雰囲気でOK                 │2自評（5分）        │
    (4) 記録【　　　　】　　要点だけ               │3質疑・協議（45分） │
                                                   │～できるだけ研究の視点にそって～│
  6 終了後                                          │4まとめ（15分程度） │
    (1) 学年主任（または代表）が校長室へ引率       └──────────────┘
    (2) 10分後くらいに、複数の授業研があるときは、授業者だけ校長室へ
        単独の場合、学年全員で校長室へ行き、勉強になったことなどを伝え、感謝を表す。
    (3) お帰りになるときは、職員室にいる職員はできるだけ、学年にかかわらず見送りをする。
        ※授業者が職員室へ一声かける。
    (4) 駐車場とウエルカムボードの片付けを忘れない。

  7 提出物※2日後まで
    (1) 授業研記録（1部）→研究主任へ
    (2) 講師と所属校の校長へのお礼状セットを授業者が作り、1部を研究主任へ、1部を「職印」
        を校長先生にもらって○○先生へ（○○先生より送達箱で送付）。ひな形はTERAにあります。
```

心得 37　授業者が「やってよかった」と思えるサポートをすべし。
　　　　運営マニュアルの作成で当日の職員の動きがスムーズに。

第5章
研究授業のプロデュース
事前準備から研究協議会まで

38 授業の見方と記録の仕方

 授業を観るときは，子どもと板書が見える位置に。
子ども目線の参観者も配する。
記録方法それぞれのポイントを意識する。

☑ 参観者の立ち位置

　研究授業を参観する際には，子どもの反応と授業者の手だての両方を同時に観察することが求められます。

　保護者参観のように教室後方から授業を観る先生が多いようですが，これでは，子どもの反応をとらえることは難しいでしょう。できるだけ教室の斜め前，あるいは側方から子どもと板書の2つが見えるところに立ちたいものです。

　授業を観るということは，授業者の意図や手だてを見とることに他なりません。それらは刻一刻と変化していくものです。授業中に指導案ばかり目で追っているのではまったく研究になりません。ですから，指導案という事前計画にとらわれることなく，ライブで感じられることを適宜記録していくことが重要です。

☑ 子どもの目線で授業を観る

　研究授業においては，全員が指導案を読み込んで授業参観に臨むのではなく，数名は指導案を読まず，子どもと同じ目線で授業を観てみることが有効です。

あえて指導案を読まずに授業を受けてみると，展開の唐突さや，意味が不明瞭な指示・発問などが驚くほどはっきりしてきます。

　私たちはつい"同業者"として授業中の教師をとらえてしまいますが，子ども目線で子どもの立場に立つと，同業者の目線では見えない落とし穴が自然に見えてきます。子どもたちは指導案を読んでいませんし，一寸先は闇状態で授業に参加しているのです。

　単元後半の授業などであれば，指導案を読まずに参観する教師とそれまで授業を受けてきた子どもたちとではレディネスが違うこともあるでしょうが，それでも子ども目線で授業を観ることの価値は十分にあります。

☑ 授業記録のポイント

　研究授業では，授業後の研究協議会や記録のために，ビデオ撮影や写真撮影，授業記録（速記）を行います。それぞれのポイントを押さえておきましょう。

　ビデオ撮影に関しては，基本的に発言者を追う，流し撮り（撮影を止めない）で45分，ノート記述も撮る，という3点が重要です。

　写真撮影に関しては，授業の流れを追えるよう45分で50枚程度は撮る，個人が特定できないアングルや遠景（学校ＨＰなど外部公開用）と個人の表情やノート（学級通信など内部公開用）などを撮り分ける，という2点が重要です。

　授業記録に関しては，文字だけではなく，教師の立ち位置や子どものジェスチャーなど，図やイラストなどもかき込むようにするということがポイントになります。

心得38　子どもと同じ目線で授業を観てみることが有効。
　　　　　研究授業の記録は，記録方法の特徴や目的を押さえるべし。

第5章
研究授業のプロデュース
事前準備から研究協議会まで

39 研究協議会での自評プレゼン

 研究授業と研究協議会は2つで1つ。
授業者の意図を引き出す研究協議会に。
授業者の自評プレゼンで整理するよさを味わう。

☑ 何のための研究協議会か

　研究授業は，授業をすること自体を目的としているのではなく，授業を通して研究の仮説を検証することを目的としています。そこで重要になるのが，授業後の研究協議会です。

　しかし，研究授業だけでいっぱいいっぱいになり，研究協議会では授業者もその他の職員も脱力状態になってしまうようなことがあるのも事実です。そうならないためにも，研究主任はあらかじめ全職員に研究協議会の目的を明確に伝えておかなければなりません。

☑ 研究協議会の流れ

　右は，研究協議会の流れの例を示したものです。

　詳しいやり方については次項で述べますが，研究協議会では，研究の仮説で示した手だてが実際に有効だったかどうかの検証が何よりも重要です。

1　関係者紹介
2　授業者の自評プレゼン
3　質疑・応答
4　仮説検証に即した協議
5　講師の指導助言

☑ 授業者の意図が伝わる協議会に

　協議会のはじめには，授業者の意図や手だてなどを改めて確認しておくことが必要です。その際に有効なのが，授業者自身による授業のプレゼンテーションです。パワーポイントでも紙芝居でも模造紙でも方法は何でもよいのです。とにかく，研究授業をするにあたって，どのような意図をもっていたのかをプレゼンしてもらいます。

　そうすると，「授業がうまくいったときはいいけれど，そうでなかったら…」と二の足を踏む先生もいることでしょう。しかし，研究協議会でプレゼンをするというハードルが控えていると思うだけで，自然と授業づくりが研究に正対していきます。出力場面が明確にあるだけで，人は物事を深く考え，わかりやすく整理し始めるのです。

　プレゼンの内容としては，「教材研究で気を付けたこと」「児童理解の留意点」「本時における具体的な手だての工夫」「単元（あるいは前時まで）の授業の実際」「予想される授業後の子どもの具体的な姿」などが考えられます。経験年数やICT機器の操作性に応じて内容や時間は変えてもよいでしょう。

　このような授業者による自評プレゼンのよさは，研究授業を整理できる点にあります。

　授業者は授業づくりの要素を整理でき，参観者は授業中に散らばった自分の考えをまとめることができるのです。

　ハードルは高そうに見えますが，やってみるとそれ以上によさを実感できるはずです。

研究授業の生命線は研究協議会。
自評プレゼンで研究授業を整理すべし。

40 協議のやり方5つのタイプ

協議のやり方は工夫次第。
協議する目的をはっきりと。
参観者全員が協議に参加できるように。

☑ 協議のやり方を工夫する

研究協議会は,ともするとワンパターンに陥ってしまいがちです。そうならないように,研究主任はいろいろなやり方を知っておく必要があります。特に,(仮説検証に即した)協議は,やり方次第で様々な成果を得ることができます。

ここでは代表的な協議のやり方を5つ紹介します。

①指導案活用型(グループ別協議)
授業中の気付きを付箋に書いておき,拡大印刷した指導案に貼っていく。時系列で付箋が並ぶので,学習活動別の協議がやりやすい。肯定的な意見は青色,否定的な意見は赤色の付箋を使うとよい。

②個人プレゼン型(グループ別協議)
授業中の疑問や意見などをカードに記入しておく。それを大きめの画用紙にカテゴリー別に貼っていき,授業に対する自分の考えを一人ひとりがプレゼンしていく。全員が簡潔に意見を述べる必要があるため,授業を観る目も養われやすい。

③2軸型（グループ別協議）
　いわゆるKJ法。授業を観て1つの付箋に1つの事柄（意見・考え）を書いておく。大きめの紙に関数のグラフのようにx軸，y軸をかき，区切られた4か所に付箋を置いて協議する。軸には「研究の仮説」や「授業者の主張」などから2項目をつけておく。

④ディベート型（グループ別協議）
　6人程度のグループで構成し，授業者の意図を汲み取り擁護する3人と逆に徹底して批判する3人に分かれる。具体的な子どもの姿や自分の実践を基に意見を言うことが大切である。また，批判側はただ批判をするのではなく，代案を示す必要がある。

⑤代表者討議型（パネルディスカッション）
　学年部等の代表3，4名で構成し，授業について意見を述べ合う。特に批判的な意見を大切にして，代案を示すようにする。その他の職員は，パネルディスカッションで出された意見や考えについて，自らの意見を述べる。

　この他にも，協議の内容を充実させ，盛り上げる方法はいろいろと考えられます。

　研究主任は，様々な研究授業に参加して，協議の新しいやり方を仕入れてくるようにしましょう。

心得40

協議のやり方の工夫でワンパターン化を防ごう。
参観者全員の発言の機会を確保すべし。

第5章
研究授業のプロデュース
事前準備から研究協議会まで

41 授業の記録の生かし方

CHECK
授業の記録には工夫が必要。
イメージの共有を第一に考える。
文字よりも映像を多用する。

☑ 授業の記録と協議会の記録

　研究授業のときに発言や板書を記録したプリント（授業記録）を作成し，すぐに印刷して研究協議会で配ることは悪いことではありません。しかし，前項のように協議会の方法や目的を明確にしておけば，個々人が授業記録を残しているものです。

　そう考えると，速記式の文章記録は授業のあらましを残すという目的以外に，それほど価値があるものにはならないかもしれません。

　一方で，研究協議会の記録は，研究のまとめを作成する際などに必要になることが多いものです。研究協議会では，必ず記録者を割り当てておくようにしましょう。

☑ 授業の記録は映像で

　授業を記録する方法は様々ですが，やはりビデオが一番で，その次が写真でしょう。とにかく映像のもつ力は偉大です。

　ビデオは，授業中1時間を通して流し撮りし，こまめに録画スイッチを切り替えたりすることは避けます。また，板書だけ，子どもだけを映すのではなく，板書と子どもの表情が撮りやすい教室の斜め前から発言者を追うよう

にします（当然，三脚を使います）。

　こうして1時間撮り続けておき，授業後にすぐパソコンにデータを移します。そのためにハードディスクかSDカードに記録するビデオカメラを使います。

　研究協議会では，プロジェクターか大型TVにつないで，Quick Time などのソフトで閲覧できるようにします。あとは，授業のポイントを「授業開始何分後のどの場面」という具合に指定すれば，すぐに再生できるというわけです。もちろん，ビデオカメラそのものでも同様のことはできますが，場面の移動に手間がかかる場合があります。

　ビデオ映像を見ながらの協議は，参加者間でイメージを共有しやすくなるため，大変有効です。また，授業中は聞き逃していた言葉や見逃していた表情などを確認することにも役立ちます。もちろん，研究のまとめを作成する際にもビデオデータは重宝します。

☑ 板書写真は投影か印刷を

　ビデオが準備できない場合は，写真でもかまいませんが，少なくとも45分間で50枚程度（1分に1枚）は撮り，スクリーンに出せるようにしましょう。意見を言うときにそのシーンが映っていれば，話す内容がより具体的にとらえられるからです。特に，授業会場と研究協議会場が違うときは，板書の写真を印刷して配布したり，スクリーンに映し出したりする工夫は必要でしょう。

　とにかく，文字（言葉）よりも映像（画像）を多用する研究協議会をつくるように心がけたいものです。

心得 41

研究授業の記録は映像で，研究協議会の記録は文字で。
協議内容を深めるために撮影の仕方や提示の仕方を工夫すべし。

第5章
研究授業のプロデュース
事前準備から研究協議会まで

42 授業ビデオや模擬授業の活用

研究授業に伴う自習の増加は参観者のリスク。
授業外の研修の充実が問われる。
授業ビデオや模擬授業の活用を。

☑ 授業ビデオの活用

　研究授業は研究推進のうえで最も効果的な方法ですが，参観する先生たちは，自分のクラスを自習にするというリスクを負うことになります。

　もちろん，自習時間も学習としてむだとは言いきれませんが，それでも自習時間を多くとりたいと思う学級担任はいないでしょう。

　そうなると，授業時間外の研修の充実が問われてきます。

　授業のビデオを見て研究協議会を行うのもその方法の１つです。授業者が教室に固定カメラを据えて撮影してもよいですし，管理職も含め手が空いている先生に撮ってもらうのもよいでしょう。

　そうした授業ビデオを30分程度に編集し，みんなで視聴するのです。もちろん45分流し撮りで見せながら，途中途中を飛ばしていく方法もあります。いずれにしても，ビデオだと45分そのまま観るのはとても辛いので，短くする工夫をしましょう。

☑ 模擬授業は授業を観る目も育つ

　授業ビデオ以外に，職員相手の模擬授業にもそれなりの効果があります。子どもではないので，ある程度「子ども役」になりきってもらうことも必要

です。それでも，25〜30分程度で1時間分の内容を流すことはできます。場合によっては導入の10分だけでもよいでしょう。

模擬授業は，慣れないと気恥ずかしいところもありますが，夏期休業中や放課後など時間を選ばずできるので，有効に活用したいところです。

また，子ども役は10数名程度にして，まわりから参観する職員もつくるようにしましょう。もちろん，子ども役の教師は指導案を確認してはいけません。

子ども役を経験すると，授業を観る目も育っていくので，いつも同じ人ではなく，なるべく多くの職員が子ども役を経験できるようにローテーションしましょう。

模擬授業といえども，ビデオで撮影しておくことも忘れないようにしましょう。

☑ 授業研究は工夫次第

特性のある子どもたちがどの教室にもおり，簡単に自分の学級を空けることができないケースも増えてきました。それでも研究を推進していくうえで，また，教師のスキルアップを図るうえで，研究授業はこれからも欠かせないものであると言えます。

ですから研究主任は，知恵を絞って，様々な方法を提案し，試みていく必要があります。

慣例にとらわれることなく，新しい方法に次々チャレンジすることができる研究主任が求められているのです。

授業ビデオや模擬授業などを活用して，学校の実態に合った校内研修を推進していくべし。

1000分の1

　研究授業になると肩に力が入ったり，必要以上に張り切ってしまったりする先生は少なくありません。また，研究授業のときだけうまくやる先生もいます。

　ただ，小学校の学級担任は，1日に5～6時間，年間で1000時間近くの授業を行っています。研究授業は，その1000時間のうちのたった1時間でしかありません。

　このことからも，研究授業をうまく乗り切ることよりも，研究授業をきっかけとして，残りの多くの授業の質を高め，あらゆる授業で効果を発揮するような手だてや技術を身に付けるという姿勢を忘れないことです。

Column

第6章
研究発表会のプロデュース
校内研修の集大成

　外部から多くのお客様を招いて行う研究発表会は，校内研修の集大成です。
　アンケート作成，駐車場の割り振りから，スリッパの確保に至るまで，やるべきことは無数にあります。また，講師の招聘はもちろん，案内状の作成・印刷など，外部との折衝場面も数多くあります。いずれにしても，校内のみで行う研修とは違う苦労を伴うのが研究発表会です。
　しかし，研究発表会を動かすことは，教師人生全体で見ても貴重な経験になるはずです。

第6章
研究発表会のプロデュース
校内研修の集大成

43 研究発表会運営の基礎・基本

 研究発表会は，長期間の取り組みの成果を世に問う場。
参観者の立場で発表会をとらえてニーズを探る。
"すべては子どもたちのために"という意識が大事。

☑ 研究発表会の意義

　校内研修の成果を広く世に問う場が，研究発表会です。しかも，個人の取り組みではなく，学校全体の取り組みとして，その成果を示すことになります。

　当然，研究の取り組みについての説明や授業を通しての提案などが求められます。また，子どもたちの姿を通して成果を伝えることも必要になるでしょう。研究発表会とは，その日1日ではなく，あくまで長期間の取り組みの成果を発表する場であることを忘れてはいけません。

☑ 参観者を意識すると

　もし，自分が研究発表会を参観する側だったとしたら，どのような視点をもって来校するでしょうか。大まかに分けると次の3点になるでしょう。

- 自校の校内研修や課題解決の参考になるか。
- 先進的な取り組みであるか。
- 魅力的な講師や授業者がいるか。

いずれにしても，提案性は大きな柱になるので，少しでも多くの先生方に参観してもらうためには，独自性のある課題解決の切り口や，課題のとらえ方などを，インパクトのあるフレーズを使って表現する工夫が必要になります。

　また，研究発表会の案内状には，主催者名，期日，研究テーマ，授業者（内容）だけでなく，申込方法，担当者等や学校周辺の地図や案内図も必要です。誤字・脱字や内容の誤りなどに気を付けるのはもちろん，わかりやすさにも配慮して作成しましょう。

☑ 成果が子どもたちに返る研究発表会に

　研究発表会を開催するとなると大変なこともありますが，個々人の指導技術の向上や，組織としての運営力や企画力の向上など，多くの成果を得ることができます。

　しかし，研究発表会の成果は，一番に子どもたちにもたらされなければなりません。目の前の子どもに犠牲を強いるような研究発表会など何の意味もないのです。そのためには，指導する教師が，研究を通して自校の子どもを育てる・伸ばすという目標を忘れないことが必要です。その目標がおろそかになると，見栄えを意識した発表になったり，負担ばかりを強調する職員が出てきたりしてしまいます。

　"すべては子どもたちのために"という，当たり前のことを意識しておくことが，研究推進の柱となり，職員をまとめていく基盤になることを研究主任は忘れないようにしたいものです。

心得 43　研究発表会のすべてを，参観する立場からチェックしてみよう。
"すべては子どもたちのために"という意識を忘れるべからず。

第6章
研究発表会のプロデュース
校内研修の集大成

44 長期スケジュールの立案

 スケジュールは1年前から立てておく。
スケジュール表は見やすさを考慮し，工夫して。
みんなでスケジュール表をつくるという意識を共有する。

☑ 長期スケジュールを立てよう

　研究発表会運営で最も重要なことは，段取りと調整です。中でも，スケジュール立案は段取りよく進めていくために必要不可欠なものになります。少なくとも，開催日1年前から長期的なスケジュールを立てておきましょう。

　もちろん，研究発表会の1年前から，何を，どうすればよいのか，詳細なことまで共有していくのは難しいでしょう。

　そこで，3か月ごとにスパンを区切り，それぞれにネーミングをするのがおすすめです。単純に「第1期」「第2期」「第3期」…でもかまいませんが，「充電期」「実践期」「準備期」…など，「今，自分たちがどの位置にいるのか」が可視化できるネーミングもよいでしょう。1年間の大まかなスケジュールをプリントで配布することも大切ですが，職員室内の目につくところに，区切りのネーミングとともに大きな紙で提示しておくのもよいでしょう。

☑ スケジュール表の作成

　では，スケジュール作成は，どのようにするとよいのでしょうか。
　まず，日時，担当，内容の3点をはっきりさせます。また，研究部や学年部などの組織を分けたりするとわかりやすくなります。

			校内行事	校外行事	研究部			学年部			備考
					日時	担当	内容	日時	担当	内容	
第Ⅰ期	10月	1週									
		2週	学校訪問								
		3週	就学時健康診断								
		4週									
	11月	1週									
		2週									
		3週	学習発表会								
		4週									
	12月	1週									
		2週									
		3週									
		4週	終業式								
	1月	1週	始業式					5日まで	授業者	論文執筆	
		2週									
		3週									
		4週		幼小中連携の日							
	2月	1週									
		2週			部会	助言者選定					

☑ みんなでつくるスケジュール表

　1年前からスケジュールを立てていても，突然別方面から予定が入ってくることは多々あります。特に，学校規模が大きかったり，行事が錯綜している時期だったりすると，重大な問題が生じるようなことにもなりかねません。

　ですから，研究主任は大きな紙に拡大したスケジュール表に，逐一追加された予定を記入するように呼びかけます。そして，1日に1回はスケジュール表を確認するように周知します。

　さらに，終わった活動には，研究主任からねぎらいの言葉や評価する言葉を書き込んだり，付箋紙などに書いて貼っていったりします。だれかに評価されると意欲が高まり，「またほめられたい」と思う気持ちが出てくるのは子どもも教師も一緒です。こういった地道なコミュニケーションを通して，無機質なスケジュール表ではなく，みんながのぞきたくなるような温かみのあるスケジュール表にしていきましょう。

心得44

段取りと調整は研究発表会成功のカギ。
見やすいスケジュール表をつくるとともに，職員全員でそれを更新していくという意識を共有すべし。

第6章
研究発表会のプロデュース
校内研修の集大成

45 スケジュール調整

校外との折衝は正確な伝達が命。
校内でも調整は必ず必要。
ミスの起こらないチェック体制づくりを。

☑ 校外との折衝

　研究発表会で大変なことは，なんといってもスケジュール調整で，校外との折衝には非常に気をつかいます。特に外部講師に指導助言等をお願いする場合には，万が一にも日にちに間違いがあってはならないので，二重，三重のチェックが必要です。また，資料等の印刷を外部に委託するときも，納期に間違いがあると大変なことになります。大切なことは表にまとめておき，それぞれの担当者としっかり共有することをおすすめします。

　また，外部との折衝の窓口は必ず一本化して，「聞いていなかった」「伝わっていなかった」ということがないようにしましょう（通常は授業がない教頭にお願いします）。また折衝をお願いする際は，口頭ではなく必ず文書で伝えるようにします。「だれに」「いつまでに」「どのような」連絡を取り，その回答を「どこへ」伝えるのかが明確なフォーマットで右のようなメモ用紙をつくっておくとよいでしょう。

```
「△△小学校　○○先生」に
「□月□日」までに
「打ち合わせの希望日」を聞いて
「学年主任」に伝えてください。
【備考】
```

窓口メモ

☑ 校内の調整

校内の調整についても，ポイントとなることがいくつかあります。

・当日の授業に使うICT機器の設定（使用電力まで確認）
・分科会場の設営・管理（湯茶の用意をだれがするのかなど）
・靴箱や傘立ての場所（参観者の動線に配慮）

こういったことを職員全員で共有し，万が一当日に研究主任が出勤できないことになっても，研究発表会を滞りなく開催できることが理想です。

研究主任に望まれるのは，1人ですべてのことをやってしまうスーパーマン的な資質ではなくて，一人ひとりの仕事を明確に割り振ったり，全体への周知徹底をしっかりとできるリーダー的資質であることを忘れないようにしましょう。

☑ 多くの目でチェックする

回数に違いはあっても，中には研究発表会を経験したことがある職員もいるはずです。まずは，その先生たちに自分でつくったスケジュール表や仕事の割り振り表をみてもらい，助言をもらうということもできます。

その後で各組織のリーダーに確認してもらい，最後に校長や教頭のチェックを受けます。1人だけでやってしまうと抜けや間違いに気付かないまま進めてしまう恐れがあるので，面倒でも段階を踏んで，多くの目でチェックしていくようにしましょう。

校外との折衝は，間違いのない伝達がポイント。
周囲をうまく動かすことで，仕事の正確性を高めるべし。

第6章
研究発表会のプロデュース
校内研修の集大成

46 スケジュール管理の工夫

研究発表会までのスケジュールを全職員で共有する。
当日の各人の動きは一覧表で管理。
研究発表会の成否は段取りにあり。

☑ スケジュール表をチェックリスト化する

研究発表会までのスケジュールは，印刷して職員全員に配布するようにします。終わった仕事には線を引いて消すというルールにして，チェックリスト化すると，仕事の管理に役立つとともに充実感を得ることもできます。

（1） 発表会前日まで

担当	内容	担当	備考
①	第2次案内状作成及び発送	石○	9月下旬
②	PTA役員への大会前日・当日の協力依頼	教頭・山○	9月PTA役員会
③	紀要・指導案作成	研究部・授業者	9月下旬
④	研究紀要の袋のレイアウト	山○	
⑤	当日のタイムスケジュール	矢○	
⑥	印刷会社への発注（紀要・指導案集）	石○・藤○	10月中旬
⑦	研究紀要・指導案集を助言者、来賓へ発送	教頭	
⑧	一般参加者接待準備計画（場所：体育館、コーヒー・紙コップ等の購入も含む。雨の場合の傘立て…ポリバケツ大6つ。） 生花の手配	福○・竹○・中○	ポットは5つ
⑨	来賓控室設営、接待準備計画（場所：校長室・カウンセリング室・カウンセラー控え室・図書室、茶菓子・お茶等の購入も含む）	河○・吹○・種○	ポットは各部屋に1つ
⑩	諸札の作成（表札、案内表示、分科会順）	横○・田○	
⑪	看板の作成（体育館：会順・垂れ幕・横断看板、外：【正門】立て看板・案内プラカード）	宮○・古○・田○	
⑫	受付計画（テント、机、いす、鉛筆、ビニール袋等）	金○・中○・藤○	

☑ 当日の職員全員の動きを把握する

　研究発表会当日に余裕のある職員はほとんどいません。みんなが自分の仕事に追われることになります。ですから，研究主任は一人ひとりの当日の動きを下のように一覧表にまとめておきます。

　研究発表会の当日に，何か突発的な事態が発生することは少なくありません。そのようなときの対応にこの一覧表が大きな効果を発揮します。

心得46　研究発表会までのスケジュール表は，チェックリスト化しよう。
　　　　　研究主任は，当日の職員全員の動きを一覧で把握すべし。

47 研究発表会当日のチェックポイント

研究発表会を子どもたちの学習の場にする。
おもてなしの心を大切に。
あくまで通常の指導をベースに考える。

☑ 子どもたちの指導

　校内で行う研究授業とは異なり，外部から多くの参観者が訪れる研究発表会においては，子どもの動きを想定しておくことも重要です。

　登校時刻から，公開授業の時間割，下校の方法まで，あらゆることを把握しておく必要があります。多くのお客様を迎えて緊張するのは，職員ばかりではありません。子どもにも，授業に集中できるように1日の動きを伝えておきましょう。

　それと同時に，お客様（講師の先生だけでなく，他校のすべての先生）に対する接遇のマナーを指導するよい機会です。高学年であれば，学級会などで事前に「おもてなし」について話し合わせる提案を学級担任にしてみてもよいでしょう。

☑ はじめて来校することを前提に

　学校周辺の地図は，案内プリントに載せておきます。紙幅に余裕があれば，交通事情で一方通行や狭い道，混雑が予想される交差点などの情報を記載しておいた方が，参加者にとってはありがたいものです。

　また，校地内の案内表示も，受付場所や待機場所などが入口（校門や駐車

場）からわかるようにしておきます。案内表示については，はじめて来校する人の視点でよく見直すようにしましょう。

「案内の人を立たせる」という方法もありますが，ときには開始時刻より遅れてくる参加者もいます。あらゆることを想定して，来校者が１人でも困らないように工夫しましょう。

☑ トイレの中も点検を

トイレは必ず利用されます。研究紀要や資料袋などに教室配置図は掲載しますが，実際に廊下に立ったときどこにあるかわかるように，案内表示をしておきます。

また，子どもたちも使うトイレですので，お客様と一緒になったときのマナーも教えておく必要があります。掃除はもちろんのこと，トイレットペーパーやエチケット（サニタリー）ボックスなどの点検も忘れないようにしましょう。

さらに，ゴミ箱の中やぞうきんの置き場所なども点検が必要です。また，廊下から教室の中を見られる場合もあるので，窓枠やレール部分の掃除も必要ですし，空調などに問題がなければ，廊下側の窓を外しておくことも考えてよいでしょう。その際，外した窓は安全な場所に収納することも忘れないようにしたいものです。

ここまでにあげたことは，通常の指導をベースにすればよいものであって，取り立てて大騒ぎすることではないと思います。研究発表会に慣れた学校が普段からきちんとしているのは，"外部の目"を意識しているからなのです。

学校のすべてが研究発表会の舞台。
おもてなしの心は必要だが，通常の指導がベースになることを忘れるべからず。

第6章　研究発表会のプロデュース―校内研修の集大成

第6章
研究発表会のプロデュース
校内研修の集大成

48 事後処理と評価

 研究発表会は終わってからも仕事がいっぱい。
支えてもらった多くの人にお礼を。
職員も子どもも評価されることで伸びていく。

☑ 事後処理のあれこれ

　無事に研究発表会が終われば，あとは事後処理になりますが，「非日常の行事が終わったら，できるだけ早く元に戻す」というのが鉄則です。

　例えば，スリッパや教具などを近隣校から借りた場合は，その日か次の日には返却に行く必要があります。また，全体会場のパイプ椅子や分科会の机などもその日のうちに現状復帰するようにします。

　ただし，掲示物などは，保護者などに見てもらいたいものもあるので，今後の学校行事等も考慮して取り外しを行いましょう。

☑ だれにお礼をするのか

　当日講師として協力いただいた他校の先生方などには，できるだけ早くお礼状を出す必要があります。

　研究発表会当日は，全体会や様々な流れの中で外部講師に直接お礼を伝えることが難しい場合があります。そのことが事前に予想されていれば，資料（紀要，駐車券など）に当日のスケジュールを入れておき，当日お礼を直接お伝えすることが難しい旨をひと言ことわっておくとよいでしょう。

　また，交通整理や校舎案内，児童の下校見守りなどで，PTAや地域の安

全協会，防犯協会の方にもお世話になるケースが出てくるはずですが，これらの窓口は教頭にしてもらいます。お礼の言葉やお礼状についても，研究主任が用意しておいて，当日か後日，教頭から伝えてもらうのが望ましいでしょう。

☑ 様々な視点から評価を得る

　研究の内容については，分科会の中やアンケートなどで評価を受けることになります。

　また，当日の授業や運営については，職員にアンケートをとって反省や成果を確かめることも大事です。

　さらに，子どもたちにとって研究発表会がどのようなものであったのかも把握しておきたいものです。

　基本的に，子どもたちは授業だけ受けてすぐに下校となりますので，翌日以降にしか子どもたちから感想を聞くことはできません。しかし，簡単な振り返りをしておくことは，学級経営上もむだにはなりません。研究主任として，各担任に振り返りの指導をお願いしておきましょう。

　保護者に参観を呼びかけている場合は，保護者へのアンケートも用意しておき，ご家庭で記入してもらうと，教師の視点では見えなかったことが見えてくるかもしれません。

　このように，研究主任は外部からの評価（特によい評価）をきちんと職員に返していくようにしたいものです。

お礼は，時間をおかず，ていねいに行うべし。
研究発表会に対する評価を様々な視点からもらうことが，職員や子どものモチベーションアップにつながる。

研究発表会にかかわる失敗

　私は，初任校以来，赴任したすべての学校（6校）で研究発表会を経験することができました。実は，最初の2校では，"当たっちゃった感"の強いネガティブな教諭だったと思います。3校目から研究主任等の中心メンバーとして参画できました。
　主任としての研究発表会では，いくつも失敗をしています。
　例えば，案内チラシの外部講師の方のお名前を，誤って以前お願いした別の方のお名前で印刷したこともあります。このときは，校長と一緒に双方のご勤務校へお詫びに行きました。このように，失敗は少なくなかったのですが，どの研究発表会も，終わった後の充実感は何ものにも代え難いものでした。

Column

第7章

評価
努力が報われる成果の測り方

　校内研修に1つの区切りがついたら，その成果と課題を整理する必要があります。

　しかし，おざなりのアンケートや評価活動では意味がありません。特に，複数年にわたって同一テーマで校内研修に取り組むような場合には，職員の異動にも耐え得るまとめをする必要があります。

　また，目標あっての評価であることを考えると，年度当初からすでに評価に向けた取り組みは始まっていることを肝に銘じておく必要があります。

Chapter 7

第7章
評価
努力が報われる成果の測り方

49 アンケート調査の基礎・基本

研究の成果は，対象・方法・到達度と関連性で測る。
職員へのアンケートにメッセージを込める。
アンケートは手間のかからない形で。

☑ 成果を測る指標

　研究の成果を測るとは，「何」について「どのように」調べ，「どの程度」の変容が見られ，「その要因」は何であったのかを明らかにすることに他なりません。

```
何        …測定する対象。情意面や認知面など。
どのように  …測定の方法。アンケートやテストなど。
どの程度   …測定値の到達点。割合（％）や伸びなど。
その要因   …手だてとの関連。仮説や視点など。
```

☑ アンケートの項目にメッセージを込める

　教育現場で使われるアンケートには，「こうあってほしい」という望ましい心情や行動が含意されています。
　例えば，「算数の授業は楽しいですか」という質問項目には，「算数の授業を子どもたちみんなに楽しいと言ってほしい」という願いが隠れているはずです。

これは，校内研修にかかわる職員向けのアンケートについても同様のことが言えます。
　職員向けのアンケートをつくる際には，一人ひとり職員に「このような形の校内研修の姿を望んでいます」というメッセージをキャッチしてもらえるように，アンケート項目を作成したいものです。

☑ アンケートの手間を省く

　職員がアンケートを敬遠する大きな理由の1つとして，集計や回答の手間があげられます。標本数が多ければ多いほど，アンケートの集計には時間がかかります。また，当然のことながら，記述式で答える項目が含まれていたり，質問項目そのものが多いようなアンケートは，回答する側からも敬遠されがちです。
　重要なことは，設計段階で，アンケートの方法と目的がしっかりと合致しているかどうかを十分検討するということです。職員一人ひとりの考えや意見をじっくり聞きたいようなアンケートであれば，回答に多少手間がかかるような項目が含まれていても致し方ありません。
　一方で，全体的な傾向だけわかればよいようなアンケートであれば，回答に手間のかからない選択式の項目で構成するべきです。もっと細かなところまで考えると，同じ選択式でも，数字を選ぶよりも○で囲む（○をつける）だけの方法の方がより簡単に回答することができます。
　このように，アンケートの方法と目的がしっかり合致しているかを十分検討したうえで，集計にも回答にも手間がかからない工夫を施したいものです。

心得49
アンケートの項目に職員へのメッセージを込めよう。
方法と目的を合致させ，集計にも回答にも手間がかからない工夫を施すべし。

第7章
評価
努力が報われる成果の測り方

50 アンケート作成のポイントと工夫

数値による評価は，判断基準の設定が不可欠。
記述式のアンケートでは観察した様相のみを書いてもらう。
校内研修の成果は，総合的に判断する。

☑ 判断基準をあらかじめ決定する

　校内研修について，数値に基づくアンケートを行う場合，その判断基準もあらかじめ決定しておく必要があります。

　社会調査などでは，5％や10％といった有意水準（有意差があると認められる基準値）が用いられます。

　ですから，あらかじめ判断基準を設定することなく，例えば"3％程度のプラスが認められたから，教育的効果があった"などと安易に結論付けるような成果の測り方は避けなければなりません。

☑ 記述式アンケート

　子どもの態度の変化など，数値では回答しにくいことについて調査しなければならない場合もあります。このようなケースでは，記述式の調査方法をとることになります。

　この記述式アンケートを作成する際に注意するべきポイントがあります。それは，「～というよい効果が表れた」「～という効果が見られなかった」のように，回答者が自身の判断を書いてしまうような問い方をせず，「～という姿（状態）が見られた」のように，観察した様相を記述するような問い方

にする，ということです。

　回答の中に判断が含まれるということは，それだけ回答者の主観を伴っているということです。しかし，記述式のアンケートにおいては，回答者に判断させるのではなく，極力客観的な事実（観察した様相）のみを記述してもらい，集計者がそれらを分類することによって結論を導き出すようにする必要があります。

　そのためには，アンケートの中に観察のポイントを示したり，具体的な例（文例）を示したりするような工夫が必要です。

☑ 1つのアンケート結果に一喜一憂しない

　アンケートは，集計して，結論を導き出すことではじめて意味をなします。

　しかし認知面はともかく，情意面については結論付けが難しいようなケースも多々あります。

　例えば，道徳性にかかわる調査などにおいては，道徳的な心情が高まれば高まるほど自分に厳しくなり，自己評価の数値が下がる傾向がある，という説があります。すなわち，アンケートの集計結果が芳しくなかったからといって，必ずしも取り組みに効果がなかったと結論付けることはできないということです。

　このように，数値に基づいてある程度客観的な分析ができるアンケートも，万能とは言えないので，結果や数値に一喜一憂することは危険です。方法の違う複数のアンケートを実施したり，その他の評価方法も併用したりしながら，総合的に校内研修の成果を測ることが大切です。

記述式アンケートは客観的な事実を収集するための工夫を施そう。
アンケートは有効だが万能ではないということを理解しておくべし。

第7章　評価―努力が報われる成果の測り方

第7章 評価
努力が報われる成果の測り方

51 自作テストによる成果の測定

成果を測る方法の1つがテスト。
自作テストは，"指導と評価の一体化"が可能。
子どもの意欲を引き出す採点の工夫を。

☑ テストによる成果の測定

　校内研修の成果を測るうえで，特に認知面については，問題を解かせるテスト形式は有効な方法の1つです。広く知られているのが，NRT（集団基準準拠テスト）やCRT（目標基準準拠テスト）といった数値を利用して成果を測るテストです。

　校内研修の研究主題と合致している場合には，地方自治体による共通テストや全国学力・学習状況調査なども成果を測るうえで利用することは可能でしょう。

　一方で，「自作テスト」という方法も考えられます。小学校では，単元ごとに行う「ワークテスト」などと呼ばれる市販テストを利用するのが全国的に主流ですが，"指導と評価の一体化"という観点から考えると，本来は評価テストも自作すべきものと言えます。自分でテストをつくるということは，それだけ研究の質を高めることにつながります。

☑ テストづくりのポイント

　テストを自作する際，第一に注意すべきことは，研究の目的に応じた内容にするということです。

例えば，「基礎・基本の定着」と「活用力の育成」では，問題の内容はまったく違ったものになります。また，「基礎・基本の定着」についても，計算問題や漢字の書き取りだけというわけにはいきません。それぞれの領域などで基礎・基本と思われる問題を選択する必要があります。

　さらに，問題数や問題のレベル，実施の時期や回数なども検討します。私が実際に行った方法を以下に紹介します。

> **目的**　思考力・表現力の育成
> **時期**　6月と12月の2回
> **内容**　応用的・発展的な問題で2問。記述式で式以外にも考え方（言葉）・図なども書かせる。

　6月は，例を示す意味で研究主任である私が全学年の問題を1人で作成して，12月は各学年で問題をつくってもらうことにしました。内容は，全国的に行われている記述式テストの問題や教科書の発展問題を参考にしました。

☑ 解答と採点基準

　上の例では，記述式の解答に対して部分点を与えるようにしました。そうなると，解答例も作成しなければなりません。また，誤答でも0点にはせず，無回答だけを0点にしました。これは，なんとか答えを導き出そうという子どもたちの意欲を引き出したかったからです。

　このように，研究の目的に応じて問題や採点基準を工夫することができるのも自作テストの優れたところです。

> "指導と評価の一体化"を考えると，テストは自作が本命。
> 研究の目的に応じて問題や採点基準を工夫すべし。

52 調査結果の集計処理の工夫

集計処理は短時間で正確に。
設問，集計方法両面から工夫する。
入力と同時にグラフができるようにしておく。

☑ 調査結果の集計処理

研究の成果を測るために様々な調査を行いますが，ネックになるのがその集計の煩わしさです。例えば，マークシートを読み取るソフトウェアなどもありますが，正確性に問題のあるものもあり，導入には慎重を期する必要があります。いずれにしても，短時間で正確に集計できるように，設問や集計方法を工夫することが重要になります。

☑ 設問の工夫

まず，設問に関する工夫ですが，選択式の項目において，「どちらとも言えない」や「ふつう」といった選択肢は極力入れず，2択や4択の構成にします。3択や5択と比べて単純に集計にかかる時間を短縮できますし，「ふつう」や「どちらとも言えない」という選択肢をつくると，その選択肢に回答が集中しやすいので，調査の精度から考えても問題が生じやすくなります。

また，選択式の項目で理由を付記するようなタイプの設問もよく見られますが，こういった形式も，回答が拡散し，集計がしにくくなるので，できるだけ避けたいものです。かわりに，考え得る選択肢を用意しておいて選択してもらうようにするとよいでしょう。

☑ 集計方法の工夫

　データを集計処理する場合，入力ファイルをエクセルなどの表計算ソフトであらかじめつくっておくことが重要です。

　入力ファイルは，校内LANサーバに保存しておくと，時間を選ばず入力できるので便利です。ただし，設定によって同時に2人以上が入力することはできない場合もあるので，大規模校などの場合，低・中・高学年など組織ごとに複数の入力ファイルを用意しておいた方がよいでしょう。入力用のファイルを複数に分ける場合，集計用ファイルも別につくっておき，入力ファイルのデータがリンクするようにしておきます。

　また，だれかがうっかりデータを消去してしまうことも考えられます。もしものときに備えてバックアップもこまめにとっておきましょう。

☑ グラフまで用意する

　入力ファイルにデータを入れたらグラフがすぐ出るようにしておきましょう。そうすることで，入力したそばから自分のクラスの傾向をとらえることができます。

　例えば，エクセルでCOUNTIF関数を使うと，簡単に特定の数字を数えてくれます。入力フォームの目立たないところに関数を入れておいて，そのセルでグラフをつくるように設定して

> 例　=COUNTIF(A2:H2,"4")
> COUNTIF(範囲,検索条件)
> A2からH2のセルの間の
> 「4」の個数を数える関数

おくと，入力と同時にグラフができ上がります。

調査結果を短時間で正確に集計できるように，設問や集計方法を工夫すべし。

第7章
評価
努力が報われる成果の測り方

53 地域・保護者への調査と情報開示

学校は地域のシンボルであり,共有財産。
地域・保護者への調査と情報開示は義務。
調査の方法にもひと工夫を。

☑ 地域や保護者への調査

　第1章でも述べたとおり,学校は地域のシンボルであり,地域の共有財産でもあります。ですから,校内研修においても,地域や保護者に何らかの調査をする必要があり,また,研修の成果や課題についても当然公表しなければなりません。

　調査の方法については,例えば,学校公開日などに校内研修についてまとめたプリントを配布し,アンケートに答えてもらう,という方法が考えられます。

　しかし,研究の細かい点などについては,学校関係者以外にはわかりにくいことばかりですので,尋ねられてもよくわからないというのが保護者の本音だと思います。

　ですから,アンケートでは,子どもたちや授業の様子など,実際に目にした事実で答えられるような設問にします。例えば,「授業中の話の聞き方はどうでしたか」「発表の態度はどうでしたか」など,まさに見れば答えられるような設問にしておくのです。

　また,先にも述べたとおり,予想される答えをすべて選択肢としてあげておくというのも1つの方法です。

☑ 学校評価アンケートを利用する

　学校教育法・学校教育法施行規則によって，全国どこの学校でも「学校評価」を実施・公表しなければいけません。

　この学校評価のアンケートの中に，校内研修にかかわる内容を示し，子どもや授業の様子を問う質問項目を入れておく，というのも有効な方法の1つです。

　学校評価アンケートだと，かなり多くの回答数を得られます。また何よりも，特別に質問紙を作成して配布したりするような手間がかかりません。管理職に相談したうえで，内容を精査して質問項目をつくってみるとよいでしょう。

☑ 校内研修に対する好意的な姿勢を引き出すために

　学校は，どうしても閉ざされた空間になりがちです。しかし，"校内"研修といえども，その対象が子どもである限り，子どもの生活の場である家庭や地域と無関係ではないのです。

　こういった点を意識すれば，おのずとできるだけ地域や保護者に意見や考えをうかがい，情報を公開するという姿勢になるはずです。

　アンケート調査を行って意見や考えをうかがい，その結果を学校だよりやホームページでしっかりと開示していけば，地域や保護者の方々は，おのずと校内研修に対して好意的な姿勢を示し，ときには手助けをしてくれるようになっていきます。

　学校は地域の財産であり，校内研修といえども，地域・保護者への調査と情報開示は義務であるととらえるべし。

第7章
評価
努力が報われる成果の測り方

54 研究のまとめ方

 "思い出アルバム"的な研究のまとめは不要。
電子メディアによる保存は細部まで注意を払って。
成果よりも課題の洗い出しを重視する。

☑ 残すべきもの

　年度末や研究が一区切りした段階で，校内研修にかかわる資料を整理し，保存する必要があります。

　ただし，"思い出アルバム"的な研究のまとめやDVDであればつくっても意味がありません。資料を整理し，保存する目的はただ1つ，よりよい研究を続けるためです。

　そう考えると，研究授業や研究発表会にかかわる資料（指導案，ワークシート，研究協議会の記録，授業のビデオ，写真など）は必ず残しておく必要があります。一方，看板や掲示物などについては，次年度以降に再利用することができないものであれば，記録写真だけ撮って廃棄してしまえばよいでしょう。

　また，今後の校内研修において必ず作成するもの（研究発表会の依頼書や案内状など）についても，参考資料として保管しておく必要があります。

☑ 電子メディアによる資料の保存

　保存の方法についてですが，基本的には，DVDなど，劣化が少なく場所をとらない電子メディアを利用します。

ただ，どうしても電子データ化できないものなどは，大きめの紙袋に収納するなどして，大きく表題（平成〇年度研究資料，など）を付けて，資料室に保管しておきます。

ただし，個人情報にかかわることは極力残さないということも重要です。また，細かなことですが，DVDの盤面やケースに何が記録されているのか記入していないために，探している資料がなかなか見つからない，ということは意外に多くあるので，収録内容は必ず目につくところに表記します。授業記録については，学年と単元（題材）名なども書いておくと，より探しやすいでしょう。

☑ 成果よりも課題

校内研修の終末には，アンケート調査の集計，分析なども踏まえながら結論を出します。

結論とは，「成果」と「課題」のことです。研究主任の目はどうしても成果に行きがちですが，長い目でみると課題の方が重要です。

第1章で述べたとおり，校内研修の場合，比較実験や臨床実験的なアプローチではなく，研究主題と仮説を設定し，研究授業などを通して手だての有効性などを検証し，結論付けることになります。

ですから，目に見える課題が見つかるということにも，実は相当な価値があります。このことを肝に銘じて，研究主任は，課題が浮き彫りになったことを恥ずかしいと思うのではなく，課題を掘り下げて分析することで改善策まで提案するのだ，という意欲をもちたいものです。

保存する資料は吟味すべし。
前向きな姿勢で，研究の成果よりも課題に目を向けよう。

第7章
評価
努力が報われる成果の測り方

55 研究主任自身の仕事ぶりの評価

 どれだけがんばっても完璧な仕事をするのは難しい。
他者からの評価を得ることで，自分の仕事を客観的に見つめる。
研究主任は常に引き継ぎを意識して。

☑ 研究主任自身は何点？

 1年間研究主任としてがんばった。そのがんばりは，きっとすべての職員が認めてくれているはず。しかし，いかに綿密に計画を立て，そつなく運営しても，完璧な仕事をするのは難しいことです。

 そこで，研究目標の達成度，研究内容の妥当性などと並んで，研究主任の仕事ぶりについてもアンケートをとることをおすすめします。

 項目としては，次の3点が考えられます。

・企画力（テーマ設定，研究実践の方法，評価方法）
・運営力（授業研究会の進め方，講師招聘の方法，研究発表会の運営）
・整理力（資料管理，集計処理，成果分析）

それぞれについて，具体的な言葉で質問項目を考えてみましょう。

☑ ルーブリックを提示する

 ところで，研究の成果ではなく，人の仕事ぶりを評価するようなアンケートでは，主観が伴いやすく，場合によっては答えにくいと感じる職員も少な

くないはずです。

　そこで，このような評価アンケートをとる場合，子どもの絶対評価と同様に，ルーブリック（評価基準）を利用するという方法が有効です。

　また，子どもの評価も評価基準をあらかじめ設定して行うように，できれば，4月当初の段階で「年度末にこのような評価アンケートに協力していただきます」と宣言し，ルーブリックも示しておけば，より精度の高い評価を得ることができるようになります。

☑ 常に"引き継ぎ"を視野に入れておく

　いくら優秀な研究主任であっても，ずっと続けるというわけにはいきません。校内人事の都合もあるでしょうし，研究主任自身が転勤することもあります。

　そういったことを踏まえて，記録の保存や課題の整理なども"次の研究主任へ引き継ぐ"という意識をもって行うと，おのずと仕事の精度が高まっていきます。このように，スムーズな引き継ぎを意識して仕事に当たることができるということも，研究主任に求められる資質の1つです。

　また，優れた研究主任であれば，教頭や副校長に昇任して他校に転勤するというケースも少なくないでしょう。その際は，今度は管理職として研究主任にアドバイスしたり，サポートしたりする立場になるわけですから，様々な局面において，引き継ぎを意識したそれまでの仕事ぶりが生かされるはずです。

職員から評価してもらうことで，研究主任自身の仕事ぶりを客観的に見つめよう。
研究主任は常に引き継ぎを意識して仕事に当たるべし。

【著者紹介】
藤本　邦昭（ふじもと　くにあき）
1965年愛媛県生まれ。熊本大学教育学部卒業後，私立高校等の講師を経て，熊本県の公立小学校・中学校に勤務。現在，熊本市立高平台小学校教頭。
全国算数授業研究会総務幹事，基幹学力研究会世話人，日本数学教育学会小学校研究部，少林寺拳法熊本海西副道院長（正拳士五段）。
単著に『算数で活用型学力が育つ授業のヒミツ』（基幹学力シリーズ12，明治図書）
共著に『算数力アップ！新評価規準ワーク＆授業づくりマニュアル　4年』（明治図書），『小学校算数　板書で見る全単元・全時間の授業のすべて』（東洋館出版社），『言語活動の評価』（算数授業研究シリーズ20，東洋館出版社）他多数

実務が必ずうまくいく
研究主任の仕事術　55の心得

2015年3月初版第1刷刊 ©著　者	藤　本　　邦　昭	
2019年1月初版第7刷刊　　発行者	藤　原　久　雄	
発行所	明治図書出版株式会社	
	http://www.meijitosho.co.jp	
	（企画）矢口郁雄　（校正）大内奈々子	
	〒114-0023　東京都北区滝野川7-46-1	
	振替00160-5-151318　電話03(5907)6701	
	ご注文窓口　電話03(5907)6668	
＊検印省略	組版所　長　野　印　刷　商　工　株　式　会　社	

本書の無断コピーは，著作権・出版権にふれます。ご注意ください。

Printed in Japan　　　　　　　　　　　ISBN978-4-18-174527-1